A DOENÇA PARA A MORTE

Dados Internacionais de Catalogação na Publicação (CIP)
(Câmara Brasileira do Livro, SP, Brasil)

Kierkegaard, Søren, 1813-1855
  A doença para a morte / Søren Kierkegaard ; tradução, introdução e notas de Jonas Roos. – Petrópolis, RJ : Vozes, 2022. – (Coleção Pensamento Humano)

  Título original: Sygdommen til Døden
  Bibliografia.
  ISBN 978-65-5713-546-4

  1. Cristianismo – Psicologia 2. Desespero – Aspectos religiosos – Cristianismo 3. Pecado – Cristianismo I. Roos, Jonas. II. Título. III. Série.

22-106465   CDD-248

Índices para catálogo sistemático:
1. Pecado : Desespero : Vida cristã : Cristianismo
                                                    248

Cibele Maria Dias – Bibliotecária – CRB-8/9427

Søren Kierkegaard

A DOENÇA PARA A MORTE

Tradução, introdução e notas de Jonas Roos

EDITORA VOZES
Petrópolis

Tradução baseada na obra pseudônima de Søren Kierkegaard, *Sygdommen til Døden*, texto estabelecido por Finn Gredal Jensen, Kim Ravn e Steen Tulberg, e publicada pelo Søren Kierkegaard Forskningscenteret, em *Søren Kierkegaards Skrifter*, vol. 11 (Copenhague: G.E.C. Gads, 2006), p. 113-242.

Notas explicativas adaptadas a partir daquelas escritas por Niels Jørgen Cappelørn e Irene Ring, e publicadas pelo Søren Kierkegaard Forskningscenteret em *Søren Kierkegaards Skrifter*, vol. K11 (Copenhague: G.E.C. Gads, 2006), p. 119-250. © Universidade de Copenhague, 2013.

© desta tradução:
2022, Editora Vozes Ltda.
Rua Frei Luís, 100
25689-900 Petrópolis, RJ
www.vozes.com.br
Brasil

Todos os direitos reservados. Nenhuma parte desta obra poderá ser reproduzida ou transmitida por qualquer forma e/ou quaisquer meios (eletrônico ou mecânico, incluindo fotocópia e gravação) ou arquivada em qualquer sistema ou banco de dados sem permissão escrita da editora.

CONSELHO EDITORIAL

Diretor
Gilberto Gonçalves Garcia

Editores
Aline dos Santos Carneiro
Edrian Josué Pasini
Marilac Loraine Oleniki
Welder Lancieri Marchini

Conselheiros
Francisco Morás
Ludovico Garmus
Teobaldo Heidemann
Volney J. Berkenbrock

Secretário executivo
Leonardo A.R.T. dos Santos

Editoração: Maria da Conceição B. de Sousa
Diagramação: Sheilandre Desenv. Gráfico
Revisão gráfica: Alessandra Karl
Capa: Editora Vozes

ISBN 978-65-5713-546-4

Este livro foi composto e impresso pela Editora Vozes Ltda.

INTRODUÇÃO

Kierkegaard publica *A doença para a morte* em 1849, sob o pseudônimo Anti-Climacus, depois de a grande maioria de suas obras já ser conhecida por seus conterrâneos, e atribui a este livro uma importância especial, como o faz grande parte de seus estudiosos. Esta obra já havia sido publicada anteriormente em língua portuguesa a partir de traduções que tomavam por base versões francesas, e normalmente traziam como título *O desespero humano*. A tradução que aqui se apresenta foi realizada a partir da edição crítica dinamarquesa, *Søren Kierkegaards Skrifter*[1].

Questões contextuais, processo de escrita e deliberações sobre a publicação

Kierkegaard escreveu *A doença para a morte* em um intervalo de tempo bastante curto, iniciando o trabalho mais direto com a obra provavelmente em meados de março de 1848[2] e tendo o manuscrito concluído (com bem poucas alterações posteriores)[3]

---

1. Cf. detalhes na Nota editorial, ao final desta introdução.

2. Embora não seja possível datar com precisão o início do processo de escrita, a análise dos manuscritos apresenta fortes indícios de que a quase totalidade do trabalho tenha sido realizada a partir de meados de março. Cf. *SKS* K11, p. 158-159 [Faço uso da edição crítica das obras de Kierkegaard *Søren Kierkegaards Skrifter*, indicada pela abreviação *SKS*, seguida do número do volume e página. A letra K, quando houver, indica tratar-se do volume de comentários correspondente ao volume indicado. Todos os textos de *SKS* estão disponíveis na internet em sks.dk. Acesso em 11/11/2021]. Cf. tb. HONG, H.V.; HONG, E.H. Historical Introduction, In: KIERKEGAARD, S. *The Sickness unto Death*. Ed. e trad. com introdução e notas de Howard V. Hong e Edna H. Hong. Nova Jersey: Princeton University Press, 1980, p. ix. Bruce Kirmmse aponta o período da escrita como "os primeiros cinco meses de 1848", talvez levando em conta as primeiras anotações nos diários, no início daquele ano, referindo ao projeto do novo livro. KIRMMSE, B.H. *Kierkegaard in Golden Age Denmark*. Bloomington & Indianápolis: Indiana University Press, 1990, p. 291.

3. Cf. HONG, H.V.; HONG, E.H. Historical Introduction, p. ix.

em maio do mesmo ano[4]. A razão tanto para a rapidez da escrita quanto para a facilidade com a qual o autor chegou à forma final do texto deve-se, segundo Howard e Edna Hong, à preocupação de mais de uma década antes da publicação de *A doença para a morte* com a natureza e o significado da angústia e do desespero em relação ao processo de tornar-se si mesmo[5].

Vários temas com os quais Kierkegaard se ocupara no início de sua obra, e que posteriormente aparecerão em *A doença para a morte*, estarão presentes em livros como: *Ou-ou* (1843); *A repetição* (1843); *Temor e tremor* (1843); *Migalhas filosóficas* (1844); *O conceito de angústia* (1844); *Pós-escrito* (1846), para citar apenas alguns, e sem contar vários discursos[6] e, obviamente, as notas nos *Diários*. De modo mais direto, contudo, é importante perceber que *A doença para a morte* se insere em um conjunto de dois pares de publicações que, *mutatis mutandis*, repetem uma mesma dialética em momentos bastante diferentes da obra de Kierkegaard. Assim, de um lado temos *O conceito de angústia* e *Migalhas*

---

4. *SKS* K11, p. 156-166, esp. p. 166. Cf. tb. NB4:160, *SKS* 20, p. 324 e 365.

5. Cf. HONG, H.V.; HONG, E.H. Historical Introduction, p. ix. Dos exemplos fornecidos por Howard e Edna Hong referentes à preocupação de Kierkegaard com relação ao desespero, destaco alguns da fase mais inicial: "Na carta de Gilleleje, de 1835 (quando Kierkegaard estava com 22 anos), ele escreveu que uma pessoa deve 'primeiro aprender a conhecer a si mesma antes de aprender qualquer outra coisa (γνωθι σεαυτον [*gnôthi seautón*, conhece-te a ti mesmo])' [*JP* V 5100 (*Pap*. I A 75)]. Em 1836 escreveu que 'a era presente é a era do desespero' [*JP* I 737 (*Pap*. I A 181)]. Desespero e perdão são o tema de uma entrada de 1837 nos diários [*JP* III 3994 (*Pap*. II A 63)], como é também o caso de algumas entradas de 1838, uma das quais inclui uma referência a Lázaro e à doença para a morte [*JP* IV 4001-2 (*Pap*. II A 310)]". Cf. ibid, p. ix-xiii. A abreviação *JP*, nas referências acima, diz respeito ao título a seguir e indica o volume em numeral romano e o número de registro da entrada, próprio dessa seleção e tradução dos *Diários*: KIERKEGAARD, S.A. *Søren Kierkegaard's Journals and Papers*. Ed. e trad. de Howard V. Hong e Edna H. Hong com auxílio de Gregor Malantschuk. v. 1-6, v. 7 Index. Bloomington/Londres: Indiana University Press, 1967-1978. (Versão eletrônica).

6. A título de exemplo vale mencionar especialmente o discurso *Carecer de Deus é a mais alta perfeição de um ser humano*, publicado nos *Quatro discursos edificantes* de 1844, em que é desenvolvida a noção de um primeiro e de um segundo si-mesmo e que, no seu todo, contribui muito para a compreensão da dialética entre desespero e cura como expressa em *A doença para a morte*. Cf. *SKS* 5, p. 285-316.

filosóficas, obras escritas juntas e publicadas com quatro dias de diferença, em junho de 1844[7], lidando de um lado com o tema do pecado e os correlatos conceitos de angústia, liberdade e história e, de outro, com o tema da graça e os correlatos conceitos de paradoxo, encarnação e escândalo[8] (em meio a uma série de temas relacionados). De outro lado, temos *A doença para a morte* e *Prática no cristianismo*, as duas únicas obras do pseudônimo Anti-Climacus, também escritas juntas e publicadas respectivamente em 1849 e 1850, em que a mesma dialética se repete, com o importante acréscimo do desenvolvimento do conceito de desespero e todos os desdobramentos que daí seguem. Assim, de um lado temos obras antropológicas ou psicológicas[9], e, de outro, obras cristológicas, em uma relação muito bem pensada e que traz importantes consequências para o entendimento da obra de Kierkegaard[10].

Com relação à escrita de *A doença para a morte*, em uma entrada nos *Diários*, provavelmente de fevereiro de 1848, Kierkegaard rascunha algumas ideias para seu novo livro:

> NB
> Um novo livro deveria ser escrito, intitulado: **Pensamentos que curam radicalmente, cura cristã.**
> Aqui será tratada a doutrina da Redenção. Primeiro será mostrada onde está a raiz da doença: o pecado.
> Ele terá duas partes[11]

---

7. *Migalhas filosóficas* é publicada a 13 de junho e *O conceito de angústia* aos 17 do mesmo mês.

8. A esse respeito, cf. VALLS, Á.L.M. *Kierkegaard, cá entre nós*. São Paulo: LiberArs, 2012, p. 124.

9. Cf. nota 80.

10. Para mais aspectos dessa dialética, cf., p. ex.: WALSH, S. *Living Christianly*: Kierkegaard's dialectic of Christian existence. Pensilvânia: The Pennsylvania State University, 2005. • ROOS, J. *Tornar-se cristão*: paradoxo e existência em Kierkegaard. São Paulo: LiberArs, 2019.

11. Kierkegaard suprime de sua anotação uma divisão alternativa, em três partes, que apenas incluía uma anterior às duas que foram mantidas no plano, intitulada "pensamentos que ferem pelas costas – para edificação" (NB4:76, *SKS* 20, p. 324; *SKS* K11, p. 156).

1) Sobre a consciência do pecado.
A doença para a morte.
Discursos cristãos
2) **Cura radical.**
A cura cristã
A Redenção[12]

A partir desse esboço inicial o plano será reelaborado, Kierkegaard escreverá o livro em um período de aproximadamente dois meses apenas, e, em meio à ocupação com outros textos, passará cerca de um ano pensando na forma da publicação. Não pretendo expor aqui um panorama completo de todo esse processo, mas apresento a seguir algumas das principais posições e reflexões de Kierkegaard a respeito da publicação de *A doença para a morte*[13].

Em 13 de maio de 1848, com o manuscrito do livro já pronto[14], Kierkegaard reflete sobre a possibilidade de um rearranjo retórico do texto, de eventualmente reescrevê-lo sob a forma de discursos, e pensa sobre as possibilidades e dificuldades de um tal trabalho:

> Nota sobre *A doença para a morte*
> Esse livro tem uma dificuldade – ele é dialético e rigoroso demais para o uso apropriado do retórico, o que desperta, o que comove. O próprio título parece indicar que deveria ser [um livro de] discursos; o título é lírico. Talvez ele definitivamente não possa ser usado, mas em todo o caso está enriquecido com um excelente esquema que sempre pode ser usado, mas mais ocultamente, em discursos.
> A questão é que antes de propriamente poder começar a utilizar o retórico eu sempre preciso ter o dialético completamente fluente, tê-lo percorrido muitas vezes. Esse não era o caso aqui[15].

---

12. NB4:76, *SKS* 20, p. 324; *SKS* K11, p. 156.

13. Para relatos mais completos ou outros ângulos de abordagem, cf. *SKS* K11, p. 156-167. • HONG, H.V.; HONG, E.H. Historical Introduction. • HANNAY, A. *Kierkegaard*: a Biography. Cambridge: Cambridge University Press, 2003, p. 369-386. • GARFF, J. *Søren Kierkegaard*: a Biography. Trad. de Bruce Kirmmse. Princeton: Princeton University Press, 2005, p. 540-542.

14. Cf. *SKS* K11, p. 158-159.

15. NB4:160, *SKS* 20, p. 365; *SKS* K11, p. 157.

Na margem dessa entrada Kierkegaard anota algumas das características do desespero, a serem desenvolvidas nos possíveis discursos:

> Se fosse estruturado retoricamente, deveria ser reunido sob certos pontos principais, cada um como um discurso.
> O que deve ser entendido pela expressão "doença para a morte"
>
> N. 1: Seu caráter oculto.
> Não apenas que aquele que a tem, ou que alguém que a tenha, pode querer ocultá-la. Não, o assustador é que ela é tão oculta que alguém pode tê-la sem saber.
>
> N. 2: Sua universalidade.
> Toda outra doença é limitada de um ou outro modo, pelo clima, pela idade etc.
>
> N. 3: Sua continuidade
> Através de todas as idades – à eternidade.
>
> N. 4: Onde tem a sua morada?
> No si-mesmo.
> A ignorância desesperada de ter um si-mesmo; consciente de ter um si-mesmo, desesperadamente não querer ser si mesmo, ou desesperadamente querer ser si mesmo[16].

Ao final dessa mesma nota Kierkegaard escreve que "a tarefa é grande demais para um arranjo retórico, já que nesse caso cada figura individual também teria de ser delineada poeticamente". A partir disso, conclui que "a álgebra dialética funciona melhor"[17].

Em seus *Diários* o autor faz avaliações muitos positivas tanto de *A doença para a morte* quanto de outros textos escritos no período, referindo-se a eles como "os mais valiosos que já produzi"[18]

---

16. NB4:160, *SKS* 20, p. 365-366; *SKS* K11, p. 157-158.
17. NB4:160, *SKS* 20, p. 366; *SKS* K11, p. 158.
18. NB10:17, *SKS* 21, p. 264.

e, especificamente em relação à *Doença para a morte* e partes do que viria a ser *Prática no cristianismo*, como "extremamente valiosos"[19]. Ao mesmo tempo, é tomado por grande indecisão sobre a forma de publicar os textos escritos àquela época. Em uma entrada nos *Diários*, de 1849, em que faz uma retrospectiva sobre o surgimento, no ano anterior, do pseudônimo Anti-Climacus e questões correlatas, Kierkegaard escreve: "minha ideia era publicar todos os manuscritos que estavam prontos [*A doença para a morte*; *Prática no cristianismo*; *A neutralidade armada ou minha posição como autor cristão na Cristandade*] em um volume, todos com o meu nome – e então parar com tudo"[20]. A ideia era definitivamente parar de escrever e tornar-se pastor em uma comunidade rural. Adiante, na mesma entrada, lembra que posteriormente havia se decidido por "deixar de lado toda a produção [as obras mencionadas na citação anterior e ainda *Três pequenos tratados ético-religiosos*], que estava pronta para impressão, para tempos mais apropriados – e então não produzir mais nada e fazer um movimento em direção a uma nomeação como pastor"[21]. Ainda na mesma nota, um pouco abaixo, lembra que: "Então me surgiu novamente a ideia de se não seria injustificável de minha parte deixar toda essa produção de lado"[22].

Em 1849 anota nos *Diários* uma ideia sobre a publicação de um conjunto maior de seus escritos recentes: "e então, como frequentemente foi dito, todos os textos que estão prontos [*A doença para a morte*; *Prática no cristianismo*; *Um ciclo de tratados ético-religiosos*; *O ponto de vista da minha atividade como autor*; *Três "notas" sobre minha atividade como autor*; *A neutralidade armada*] (os mais valiosos que já produzi[23]) talvez também possam

---

19. NB10:69, *SKS* 21, p. 294.

20. NB13:78, *SKS* 22, p. 321.

21. Ibid.

22. Ibid.

23. Não é possível determinar se Kierkegaard avalia assim a todo o conjunto de textos prontos à época ou apenas *A doença para a morte* e *Prática no cristianismo*, como faz em outra entrada nos *Diários*, a já mencionada NB10:69, *SKS* 21, p. 294.

ser usados, mas, por Deus no céu, de modo a garantir que sejam mantidos poéticos, como um despertar poético"[24].

Em meio a todas essas questões mais internas, por assim dizer, à forma de publicar as obras que já estavam prontas, um outro assunto que demandou algum tempo e energia do autor à época foi uma possível segunda edição de *Ou-ou*. A principal preocupação de Kierkegaard com relação a isso dizia respeito a sua imagem como autor religioso e, portanto, à dialética da obra como um todo, a qual consistia em publicar uma obra assinada com o próprio nome juntamente com uma obra pseudônima[25]. Depois de muito refletir, Kierkegaard publicou a segunda edição de *Ou-ou* a 14 de maio de 1849 e, no mesmo dia, *O lírio do campo e a ave no céu: três discursos piedosos*[26].

Para resumir uma história que é longa e cheia de idas e vindas, em 4 de junho de 1849, três semanas antes da entrega do manuscrito de *A doença para a morte* ao editor, Kierkegaard reflete sobre a necessidade de publicar o livro sob um pseudônimo:

> Assim como o rio Guadalquibir[27] em algum lugar mergulha para debaixo da terra e depois surge novamente, assim também devo mergulhar agora na pseudonímia, mas eu também entendi agora como surgirei novamente com o meu próprio nome. E então o fundamental será fazer algo na direção de uma nomeação como pastor e então viajar[28].

---

24. NB10:17, *SKS* 21, p. 264.

25. A esse respeito, cf. *O ponto de vista da minha atividade como autor*, primeira parte. *SKS* 16, p. 15-22.

26. *SKS* 11, p. 5-48. Esses discursos têm como referência Mt 6,24-34, um dos textos bíblicos preferidos de Kierkegaard, sobre o qual já escrevera nos *Discursos edificantes em diversos espíritos* (1847) e na primeira parte dos *Discursos cristãos* (1848). Para os discursos de 1847 cf., em língua portuguesa: KIERKEGAARD, S. *Discursos edificantes em diversos espíritos*. Trad. de Álvaro L.M. Valls e Else Hagelund. São Paulo: LiberArs, 2018.

27. Guadalquibir ou Guadalquivir, um dos maiores e mais importantes rios da Espanha, provavelmente confundido por Kierkegaard com outro rio espanhol, Guadiana.

28. NB11:123, *SKS* 22, p. 70.

Em outra entrada considera mais especificamente a necessidade de um pseudônimo, especialmente considerando a posição de seus textos recentes com relação ao cristianismo:

> Está completamente correto que um pseudônimo deva ser utilizado. Quando as exigências da idealidade são apresentadas em seu máximo, então deve-se acima de tudo cuidar para que não se seja confundido com elas, como se a gente mesmo fosse a própria idealidade[29].

Kierkegaard cria, então, o pseudônimo Anti-Climacus justamente como aquele que quer apresentar o cristianismo em sua idealidade. No prefácio de *Prática no cristianismo*, por exemplo, assinado por "S.K.", embora a obra seja publicada sob Anti-Climacus, o autor escreve: "Neste livro, originado no ano de 1848, a exigência para ser um cristão é forçada pelo autor pseudônimo a uma suprema idealidade"[30].

O novo pseudônimo colocado em cena com a publicação de *A doença para a morte* certamente remete a e guarda importantes relações com o anterior, Johannes Climacus, autor de *Migalhas filosóficas* (1844), *Pós-escrito às Migalhas filosóficas* (1846), e ainda personagem do conto filosófico inacabado "*Johannes Climacus ou é preciso duvidar de tudo*" (escrito entre 1842 e 1843). O nome Climacus provém do grego, remete à ideia de escada e, em retórica, a clímax, e se refere ao monge grego Johannes Climacus ou, entre nós, São João Clímaco (c. 579-649), que se tornou abade do mosteiro de Santa Catarina de Alexandria, junto ao monte Sinai, e autor da obra *Scala Paradisi* [escada do paraíso], em referência à escada de Jacó (cf. Gn 28,12), na qual escreve sobre os vícios a serem evitados pelos monges e as virtudes a serem perseguidas[31]. De acordo com Howard e Edna Hong, a obra é organizada em trinta capítulos ou passos na escada da perfeição, correspondentes à idade de Cristo em seu batismo. Kierkegaard utiliza elementos do nome do monge e do título de sua obra (Climacus, climax, escada)

---

29. NB12:9, *SKS* 22, p. 151.
30. *SKS* 12, p. 15.
31. Cf. *SKS* K4, p. 197.

para simbolizar a estrutura de sequência lógica tanto em *É preciso duvidar de tudo* quanto em *Migalhas filosóficas*[32]. Note-se que a primeira menção que Kierkegaard faz a Climacus está em uma entrada nos *Diários*, de 20 de janeiro de 1839, em que o compara a Hegel, que tentaria como que escalar os céus por meio de silogismos[33]. Vejamos como Kierkegaard descreve Climacus em *É preciso duvidar de tudo*:

> Seu prazer consistia em começar por um pensamento particular, a partir dele seguir o caminho da consequência, escalando degrau por degrau até um pensamento mais alto; pois a consequência era a seus olhos uma *scala paradisi* [escada do paraíso], e sua beatitude lhe parecia maior até que a dos anjos. Com efeito, tendo alcançado este pensamento mais alto, ele experimentava uma alegria indescritível, uma voluptuosidade apaixonada em mergulhar sob as mesmas consequências no raciocínio inverso, até chegar ao ponto do qual partira[34].

As obras publicadas sob o pseudônimo Johannes Climacus discutem uma série de questões filosóficas e teológico-religiosas desenvolvendo-as no reconhecimento das distinções entre essas áreas, sem, contudo, separá-las. Em *Pós-escrito*, referindo-se a *Migalhas*, Climacus afirma: "Que a subjetividade, a interioridade, é a verdade, que o existir é o decisivo, que seria este caminho o que se deveria tomar para o cristianismo, o qual é justamente interioridade, [...] esta era a minha ideia"[35]. Kierkegaard percebe que

---

32. HONG, H.V.; HONG, E.H. Historical Introduction, In: KIERKEGAARD, S. *Philosophical Fragments; Johannes Climacus*. Ed. e trad. com introdução e notas de Howard V. Hong e Edna H. Hong. Nova Jersey: Princeton University Press, 1985, p. ix, nota 2.

33. DD:203; *SKS* 17, p. 277.

34. *SKS* 15, p. 17. KIERKEGAARD, S.A. *Johannes Climacus ou É preciso duvidar de tudo*. Pref. e notas de Jacques Lafarge; trad. de Sílvia S. Sampaio e Álvaro L.M. Valls; revisão da tradução de Else Hagelund e Glauco M. Roberti. São Paulo: Martins Fontes, 2003, p. 7 (Trad. levemente modificada).

35. *SKS* 7, p. 257. KIERKEGAARD, S.A. *Pós-escrito às Migalhas filosóficas*. Vol. I. Trad. de Álvaro L.M. Valls e Marília Murta de Almeida. Petrópolis/Bragança Paulista: Vozes/Ed. Universitária São Francisco, 2013, p. 297.

o pensamento sistemático e especulativo tem forte influência no seu contexto intelectual (e, pelo menos em parte, também em seu contexto cultural), e que, em seu entendimento, este modo de pensamento é incompatível com a existência do indivíduo[36]. Para além disso, do ponto de vista de uma sociedade de Cristandade, onde todos se consideram cristãos como que por nascimento[37], percebe o equívoco de se institucionalizar questões relativas à subjetividade e à existência, como entende serem as do cristianismo. Assim, a reflexão e a crítica dirigidas ao que considera como mal-entendidos de seu tempo, o faz de maneira indireta. Segundo a conhecida formulação de *O ponto de vista*: "Se é uma ilusão que todos são cristãos – e se se deve fazer algo a respeito, isso deve ser feito indiretamente, não por alguém que em alta voz se declara como um cristão extraordinário, mas por alguém que, melhor informado, até se declara como não cristão [...]"[38]. Johannes Climacus cumpre exatamente esse papel ao afirmar, ao final de *Pós-escrito*, que "não se pretende um cristão"[39].

Em *A doença para a morte*, agora já no segundo percurso de toda a obra de Kierkegaard, depois do *Pós-escrito* de 1846, Anti-Climacus surge como um pseudônimo que continua desempenhando um papel importante na reflexão de Kierkegaard com relação ao contexto da Cristandade e do pensamento especulativo. Refletindo sobre a relação desse pseudônimo com Johannes Climacus, Kierkegaard anota em seu *Diário*:

> Johannes Climacus e Anti-Climacus têm muita coisa em comum; mas a diferença é que ao passo que Johannes Climacus se coloca tão baixo que até mesmo diz que não é cristão, parece que se pode perceber em Anti-Climacus que ele considera a si mesmo como um cristão num nível extraordinariamente alto [...].

---

36. Cf. *SKS* 7, p. 114. *Pós-escrito* I, p. 124.

37. Cf. *SKS* 7, p. 55. *Pós-escrito* I, p. 55-56.

38. *SKS* 16 [*O ponto de vista*], p. 25.

39. *SKS* 7, p. 560. KIERKEGAARD, S.A. *Pós-escrito às Migalhas filosóficas*. Vol. II. Trad. de Álvaro L.M. Valls e Marília Murta de Almeida. Petrópolis/Bragança Paulista: Vozes/Ed. Universitária São Francisco, 2016, p. 333.

Eu me coloco acima de Johannes Climacus, abaixo de Anti-Climacus[40].

É importante que se perceba que do ponto de vista do conteúdo Climacus e Anti-Climacus possuem pontos em comum e, em boa medida, se complementam[41], ao passo que do ponto de vista da forma, daquilo que Kierkegaard pretende com o pseudônimo, atendem a estratégias diferentes. Em uma carta a Rasmus Nielsen, de julho de 1849, que acompanhava um volume do livro recém-lançado, Kierkegaard escreve:

> Provavelmente tu não terás dificuldade em descobrir por que o pseudônimo se chama *Anti*-Climacus, em relação a que ele é bem diferente de Johannes Climacus, com quem certamente tem algo em comum (já que certamente partilham algo do nome), mas de quem ele difere muito essencialmente nisso, que Johannes Climacus humoristicamente nega que ele mesmo seja cristão [...] enquanto que Anti-Climacus está muito longe de negar que ele mesmo seja cristão [...][42].

A relação entre Climacus e Anti-Climacus, portanto, não pode ser encaminhada como de simples oposição ou de mera aproximação, antes, é importante ter em mente sob quais aspectos se mostram tanto a oposição quanto a aproximação, ou seja, em que medida a igualdade e a diferença estão no conteúdo, e em que medida na postura do pseudônimo[43].

Se durante o tempo em que Kierkegaard reflete sobre o modo de publicar *A doença para a morte* vai se tornando clara para ele a ideia de que a obra deva ser publicada sob um pseudônimo, ao

---

40. NB: 11:209; *SKS* 22, p. 130.

41. O que não nega eventuais diferenças de conteúdo que têm sido objeto da pesquisa especializada; tenha-se em mente que, além do mais, são textos de fases diferentes da obra.

42. *SKS* 28, p. 441, carta 286.

43. Sobre a relação Climacus/Anti-Climacus, cf. HONG, H.V.; HONG, E.H. *Historical Introduction*, p. xxii. • WATKIN, J. *Kierkegaard*. Reed. Londres/Nova York: Continuum, 2000, p. 234-235.

mesmo tempo também conclui que deve indicar a importância que este livro tem para o conjunto de suas ideias. Esta indicação é feita com Kierkegaard colocando seu nome como editor desta obra pseudônima. Essa não é uma tática nova e, curiosamente, ou, talvez, de modo bem consistente, as obras em que colocara seu nome como editor são justamente as de Climacus e as de Anti-Climacus, sendo que em *Prática no cristianismo*, do mesmo pseudônimo, Kierkegaard oferece também um pequeno, porém muito significativo, prefácio do editor. Em *O ponto de vista*, quando comenta o fato de ter posto seu nome como editor em *Pós-escrito*, o que não fizera com nenhuma obra puramente estética, afirma que isso é um indício para quem se preocupa com tais coisas e tenha percepção para elas[44]. É claro que Anti-Climacus é um pseudônimo religioso por excelência e, com isso, a função de suas obras se mostra diferente da de outros textos pseudônimos, como já indicamos. Ainda assim, contudo, Kierkegaard parece querer deixar claro que nesses textos, mesmo em meio ao papel irônico que os diferentes pseudônimos representam enquanto autores e na relação que estabelecem com suas obras, o próprio Kierkegaard atribui uma importância ao desenvolvimento dos conceitos, argumentos e imagens ali desenvolvidos.

O trabalho com *A doença para a morte* e, como vimos, tudo o que esteve envolvido com a sua publicação e com outras questões com as quais Kierkegaard estava lidando, aconteceu em uma época de grandes mudanças na Europa, as revoluções de 1848 ou a chamada primavera dos povos. Iniciado na França, o movimento que protestava contra a monarquia absolutista e exigia a limitação do poder do rei por uma constituição logo se espalhou pela Europa. Com relação à Dinamarca, eis como Jon Stewart resume a situação:

> O movimento alcançou a Dinamarca quando, em 21 de março de 1848, os Liberais Nacionais marcharam para o Palácio Real e exigiram que o novo rei, Frederico VII, criasse uma nova constituição democrática. O rei concordou, e as negociações prosseguiram por mais

---

44. *SKS* 16 [*O ponto de vista*], p. 18.

de um ano, até que a nova constituição foi aceita e promulgada em 5 de junho de 1849[45].

Com o desenrolar desses acontecimentos a revolução dinamarquesa terminou pacificamente, sem derramamento de sangue. Em contrapartida, no mesmo ano de 1848 eclodiu na Dinamarca a longa e amarga guerra civil com as províncias germanófonas[46], que continuaria até 1851.

Kierkegaard não se manteve indiferente a tais acontecimentos[47], mas permaneceu consistente para com sua ênfase no indivíduo, na subjetividade e na necessidade de uma correção ético-irônica a pessoas confundidas por um excesso de certezas. Em *A doença para a morte*, ao discutir a definição socrática de pecado, escreve:

> Acredita-se que o mundo precisa de uma república, e acredita-se que há necessidade de uma nova ordem social e de uma nova religião: mas ninguém pensa que é justamente de um Sócrates que o mundo, justamente confundido por muito conhecimento, precisa[48].

Embora seja difícil aplicar epítomes a Kierkegaard, nesse contexto a figura de Sócrates sintetiza muito da posição do autor e do modo como permanece fiel a suas ideias diante dos acontecimentos de 1848 e dos anos seguintes na Europa e na Dinamarca.

Angústia, desespero e tornar-se si mesmo

Ao se ler *A doença para a morte* é preciso considerar atentamente o seu subtítulo: *uma exposição psicológico-cristã para*

---

45. STEWART, J. *Søren Kierkegaard*: subjetividade, ironia e a crise da modernidade. Trad. de Humberto Araújo Quaglio de Souza. Petrópolis: Vozes, 2017, p. 233.
46. KIRMMSE, B.H. *Kierkegaard in Golden Age Denmark*. Bloomington & Indianápolis: Indiana University Press, 1990, p. 359.
47. Este ponto é aberto a debates entre biógrafos. Sigo aqui a seguinte leitura da situação: HANNAY, A. *Kierkegaard*: a Biography. Cambridge: Cambridge University Press, 2001, p. 372.
48. *SKS* 11 [*A doença para a morte*], p. 205.

edificação e despertar. Há aqui uma clara indicação de que o sentido da obra não está no esclarecimento do desespero como um fim em si mesmo, e sim no processo de tornar-se si mesmo, na edificação. Este processo, contudo, só pode ser bem realizado a partir de um bom diagnóstico da situação que o impede de se realizar, ou seja, o desespero. Como esclarece Anti-Climacus: "Pois um médico não deve apenas prescrever remédios, mas, antes de mais nada, reconhecer a doença"[49]. O tema da edificação, como se sabe, não é novo na obra de Kierkegaard, mas uma ideia central que marca a obra desde seu início, já com os vários *Discursos edificantes*, publicados a partir de 1843, e que segue pelo desenvolvimento de toda a obra[50].

O ponto de partida do desenvolvimento de *A doença para a morte* é sua definição de ser humano como *síntese de infinitude e de finitude, do eterno e do temporal, de possibilidade e de necessidade*[51]. Este entendimento do ser humano como síntese, contudo, já fora elaborado anteriormente em *O conceito de angústia*, onde o pseudônimo Vigilius Haufniensis afirma que "o homem é uma síntese do psíquico e do corpóreo. Porém, uma síntese é inconcebível quando os dois termos não se põem de acordo num terceiro. Este terceiro é o espírito"[52]. Kierkegaard parece não entender o ser humano como um conjunto de diferentes sínteses, mas como *uma* síntese que pode ser vivida e analisada sob diferentes aspectos. Nesse entendimento o ser humano

---

49. Ibid., p. 139.

50. Para um bom esclarecimento sobre o tema cf., p. ex., o discurso "O amor edifica". In: *As obras do amor. SKS* 9, p. 212-226. • KIERKEGAARD, S.A. *As obras do amor*: algumas considerações cristãs em forma de discursos. Trad. de Álvaro L.M. Valls e revisão de Else Hagelund. Petrópolis/Bragança Paulista: Vozes/Ed. Universitária São Francisco, 2005, p. 240-255.

51. Eventualmente Kierkegaard menciona esta última polaridade como *liberdade e necessidade*. Na maioria das vezes, contudo, estabelece a polaridade como *possibilidade e necessidade*. Bem rigorosamente, liberdade, para o autor, não consiste no polo relacionado à necessidade, antes, é aquilo que surge da relação entre possibilidade e necessidade quando bem-estabelecida.

52. *SKS* 4, p. 349. KIERKEGAARD, S.A. *O conceito de angústia*: uma simples reflexão psicológico-demonstrativa direcionada ao problema dogmático do pecado hereditário. Trad. e posfácio de Álvaro L.M. Valls. Petrópolis/Bragança Paulista: Vozes/Ed. Universitária São Francisco, 2010, p. 47.

é concebido fundamentalmente como *relação*, e é a partir dessa ideia que Kierkegaard descreverá os fenômenos da angústia e do desespero, centrais em sua psicologia. Para além destes, contudo, há que se perceber que conceitos como *si-mesmo, indivíduo, liberdade, fé, existência* etc. são igualmente dependentes dessa mesma definição.

Embora *A doença para a morte* constitua uma obra completa em si mesma, especialmente pelo modo como estabelece a dialética entre doença e cura na existência humana, vários desenvolvimentos de *O conceito de angústia* ajudam a compreender muito do que está em questão na obra de 1849, do que exponho alguns elementos nos parágrafos seguintes.

Kierkegaard entende que o fato de nascermos humanos não nos torna indivíduos no sentido filosófico que atribui ao termo. Cada pessoa precisa realizar, efetivar a síntese que a constitui. Na antropologia de Kierkegaard, o fato de sermos uma síntese é o que nos caracteriza como espírito. O espírito, contudo, estaria inicialmente como que sonhando[53], ou, usando-se o termo com certa reserva, em potência. Nesse estado o espírito projeta a sua realidade efetiva (*Virkelighed*). Em outras palavras, diante da possibilidade de uma decisão, diante da possibilidade de mudar a si mesmo, o espírito pressente algo, pressente que pode vir a ser diferente do que é, ou seja, que pode vir a estabelecer de um outro modo a síntese que o constitui. Mas isso que pode vir a ser ainda lhe é desconhecido, indeterminado e, nesse sentido, como um nada. Esse vazio, essa sensação de indefinição e ambiguidade diante de uma nova possibilidade fugidia e desconhecida, é o que Kierkegaard chama de angústia. Assim, o que angustia, a rigor, não é a realidade, mas a possibilidade. A angústia é a vertigem diante da possibilidade. De acordo com Vigilius Haufniensis: "a angústia é a vertigem da liberdade, que surge quando o espírito quer estabelecer a síntese, e a liberdade olha para baixo, para sua própria possibilidade [...]"[54]. O fato de a possibilidade ser desconhecida, como foi dito, constitui o grande desafio envolvido na

---

53. *SKS* 4, p. 347. *O conceito de angústia*, p. 45.
54. *SKS* 4, p. 365. *O conceito de angústia*, p. 66.

angústia, o de termos de nos relacionar com algo sem forma, algo como um medo sem objeto, e de termos de decidir a existência precisamente no horizonte dessa relação.

Embora a angústia traga em si a ambiguidade de simultaneamente atrair e repelir, de ser *"uma antipatia simpática e uma simpatia antipática"*[55], pois nos sentimos ao mesmo tempo atraídos e repelidos pelo abismo de nossa possibilidade, ainda assim, quando a angústia se intensifica o que ela faz é aproximar o sujeito de uma decisão. Aproximar é um termo importante nesse contexto, pois no entendimento de Kierkegaard a angústia não determina qualquer decisão. Perceba-se que entre certas situações existenciais e outras, como entre ser inocente ou ser culpado, por exemplo, há uma diferença qualitativa. A aproximação, o aumento, contudo, pelo menos para as questões da existência (outro parece ser o caso da natureza, p. ex.), não gera uma qualidade nova. Assim, a angústia, que apenas aproxima alguém de uma possibilidade, não pode ser causa do salto que opera uma mudança qualitativa na existência.

Se a angústia, por conta de sua intensificação, gerasse a qualidade nova, esta surgiria por conta de um aumento gradativo. Kierkegaard não pensa assim, ele entende que nas questões da existência não conseguimos, embora provavelmente o desejássemos, estabelecer todas as mediações, conexões lógicas e gradações que levam a uma decisão. A consequência dessa impossibilidade é que para as questões existenciais não há alternativa senão enfrentar o salto que deve se dar para além das mediações lógicas. Isso não significa, de modo algum, que o conhecimento e as mediações não sejam importantes, mas significa que temos de reconhecer, por razões filosóficas, que eles não são suficientes para as decisões existenciais. As implicações são muitas. Note-se que se o aumento gradativo gerasse uma qualidade nova, como a passagem da inocência à culpa, a responsabilidade individual e as questões éticas aí envolvidas teriam de se encaminhar como em um paradoxo de sorites, ou seja, algo como tentar determinar com quantos grãos de trigo se tem um monte ou em que ponto alguém se torna careca. Kierkegaard, obviamente, recusa tal entendimento.

---

55. *SKS* 4, p. 348. *O conceito de angústia*, p. 46. (grifo do autor).

Voltando à compreensão do ser humano como relação, quando o sujeito efetiva a síntese que o constitui de modo a estabelecer uma má relação [*Misforhold*], ou seja, efetiva a síntese relacionando-se a um dos polos em detrimento do outro (que lhe é igualmente constitutivo), instaura o que Kierkegaard chama de desespero. Neste ponto é importante que se entenda que se a angústia constitui algo que aumenta e diminui quantitativamente, como foi mostrado, o desespero instaura uma diferença qualitativa no indivíduo, uma ruptura do si-mesmo para consigo mesmo e para com seu fundamento. Assim, uma vez que o aumento quantitativo não pode gerar uma qualidade nova para as questões da existência[56], a angústia não pode ser causa do desespero, não pode gerar o desespero. Ela aproxima o indivíduo de uma decisão, que pode ser ou não ser pelo desespero, mas não é sua causa.

À medida que a angústia é como a vertigem que a síntese experimenta diante da possibilidade, ela é algo inerente ao ser humano e, assim, pode muito bem conviver com a inocência[57]. No contexto dessa análise a angústia não contém em si nenhum conteúdo moral que pudesse conduzir ao desespero, gerar o desespero, não, ela aproxima da decisão. Uma decisão pelo desespero é algo inexplicável. O sujeito que rompe a sua relação para consigo mesmo, para com seu fundamento e para com o outro não pode explicar esse rompimento a partir de uma relação para com a mesma realidade agora rompida. Não há nada que conduza o indivíduo necessariamente ao desespero. Toda a responsabilidade pela perda do si-mesmo é sempre e irrevogavelmente uma responsabilidade do próprio indivíduo.

Kierkegaard entende que não se pode conceber o desespero como determinado, necessário, e ao mesmo tempo querer sustentar a liberdade com relação a superar o desespero e tornar--se si mesmo, o que é justamente o foco de seu interesse. Nesse contexto é importante compreender que a necessidade não pode ser introduzida parcialmente na historicidade da existência, o que é sempre claro para Kierkegaard. Conforme afirma Climacus em

---

56. *SKS* 4, p. 336-341. *O conceito de angústia*, p. 32-37.
57. *SKS* 4, p. 348. *O conceito de angústia*, p. 46.

Migalhas filosóficas, "Caso a necessidade pudesse penetrar num único ponto, não se poderia mais falar de passado e de futuro"[58]. Se o desespero fosse algo da ordem da necessidade, também o seria o tornar-se si mesmo, ou seja, não seria nenhum movimento, nenhum tornar-se. Por isso a cautela do autor com relação ao conceito de desespero, com o modo de conceber a perda do si-mesmo. Em *A doença para a morte*, escreve:

> Desespero é a má relação na relação de uma síntese que se relaciona consigo mesma. Mas a síntese não é a má relação, ela é apenas a possibilidade, ou, na síntese está a possibilidade da má relação. Se a síntese fosse a má relação, então o desespero absolutamente não existiria, então o desespero seria algo que estaria na natureza humana como tal, ou seja, não seria desespero; ele seria algo que aconteceu à pessoa, algo que ela sofreu, como uma doença da qual a pessoa foi acometida, ou como a morte, que é o destino de todos[59].

O pano de fundo de *O conceito de angústia* ajuda, entre outras coisas, a compreender que não há nada que determine o desespero e, ao invés de argumentar na linha de qualquer explicação que recorra a determinações gradativas, o autor insere aí a categoria do salto, em si inexplicável. Para Kierkegaard, a não explicação da causa do desespero e a inserção do conceito de salto não parecem constituir um defeito do pensamento, antes, o conhecimento, quando levado a seu ponto mais extremo, chega justamente na percepção de seu limite. Diante das questões fundamentais da existência não conseguimos estabelecer todas as conexões lógicas de que necessitaríamos, todos os parâmetros e critérios e, ainda assim, a decisão é inevitável. O desafio é o de aprender a lidar com a angústia sem instaurar o desequilíbrio da síntese, o desespero, pelo qual cada indivíduo é responsável.

---

58. *SKS* 4, p. 277. KIERKEGAARD, S.A. *Migalhas filosóficas*: ou um bocadinho de filosofia de João Clímacus. Trad. de Ernani Reichmann e Álvaro L.M. Valls. Petrópolis: Vozes, 1995, p. 112.

59. *SKS* 11 [*A doença para a morte*], p. 131-132.

A partir do entendimento de ser humano como síntese, Anti-Climacus poderá realizar uma detalhada análise do desespero em suas diferentes manifestações e, simultaneamente, descrever a fé como cura para o desespero e como o contrário do desespero. Esta dialética atravessa o livro como um todo e é crucial para os elementos de despertar e edificação, como expostos no subtítulo, para o processo de tornar-se si mesmo:

> Mas o contrário de estar desesperado é ter fé; portanto também está totalmente correto o que foi afirmado acima como sendo a fórmula que descreve um estado no qual não há absolutamente nada de desespero, e esta é igualmente a fórmula para a fé: ao relacionar-se a si mesmo e ao querer ser si mesmo, o si-mesmo se funda transparentemente no poder que o estabeleceu[60].

---

60. Ibid., p. 164.

NOTA EDITORIAL

Esta tradução está baseada na obra pseudônima de Søren Kierkegaard, *Sygdommen til Døden* (*A doença para a morte*), texto estabelecido por Finn Gredal Jensen, Kim Ravn e Steen Tulberg, e publicada pelo Søren Kierkegaard Forskningscenteret (Centro de Pesquisa Søren Kierkegaard), em *Søren Kierkegaards Skrifter* (*Escritos de Søren Kierkegaard*), vol. 11 (Copenhague: G.E.C. Gads Forlag, 2006), p. 113-242. Algumas das notas explicativas foram adaptadas a partir daquelas escritas por Niels Jørgen Cappelørn e Irene Ring, e publicadas pelo Søren Kierkegaard Forskningscenteret em *Søren Kierkegaards Skrifter*, vol. K11 (Copenhague: G.E.C. Gads Forlag, 2006), p. 119-250. © Universidade de Copenhague, 2013. Passagens de difícil tradução foram confrontadas com outras versões feitas a partir do original dinamarquês: para o inglês (Howard e Edna Hong; Alastair Hannay); para o italiano (Ettore Rocca); para o alemão (Liselotte Richter; Walter Rest) e, mais ocasionalmente: para o espanhol (Demetrio Gutiérrez Rivero); para o francês (Knud Ferlov e Jean-Jaques Gateau) e para o português, nos trechos da obra traduzidos por Ernani Reichmann em seus *Textos Selecionados*. A paginação da edição crítica dinamarquesa *Søren Kierkegaards Skrifter*, vol. 11, aparece ao longo desta tradução identificada conforme o exemplo: |129|. As notas de rodapé de Kierkegaard são indicadas através do seguinte símbolo: *. As notas de rodapé numeradas são todas do tradutor, acompanhadas da indicação: [N.T.].

Esta tradução foi iniciada como parte de um estágio pós-doutoral, na Unisinos, com bolsa do CNPq, sob supervisão do prof. Álvaro L.M. Valls. Posteriormente, de diferentes modos e em diferentes fases de seu processo, este trabalho recebeu apoio e contribuições de Humberto Quaglio, Ana Paula Roos, Fernanda Winter, Aline Grünewald, Sigurd Vestergaard, Else Hagelund,

Edson Munck Jr. e Ettore Rocca. A todos/as, meu sincero agradecimento, e de modo muito especial a Humberto Quaglio.

Por fim, com a primeira versão da tradução terminada, todo o trabalho foi detalhadamente revisado por Álvaro L.M. Valls, a quem sou profundamente grato pelos diálogos e pelas valiosas sugestões, que muito contribuíram para o aperfeiçoamento do texto final.

Jonas Roos
Juiz de Fora, novembro de 2021.

|115|

[Søren Kierkegaard]

A doença para a morte
Uma exposição psicológico-cristã
para edificação e despertar

Por
Anti-Climacus

Editado por
S. Kierkegaard

Copenhague 1849

Sygdommen til Døden.

En christelig psychologisk Udvikling

til Opbyggelse og Opvækkelse.

Af

Anti-Climacus.

Udgivet af

S. Kierkegaard.

Kjøbenhavn 1849.

Paa Universitetsboghandler C. A. Reitzels Forlag.

Trykt hos Kgl. Hofbogtrykker Bianco Luno.

|116|

Herr! Gieb uns blöde Augen
für Dinge, die nichts taugen,
und Augen voller Klarheit
in alle deine Wahrheit[61].

Senhor! Dai-nos olhos baços
às coisas sem validade
e olhos bem perspicazes
a toda tua verdade.

---

61. Em alemão, no original. Esses versos são de autoria de Nicolaus Ludwig von Zinzendorf (1700-1760) e Kierkegaard os conhece a partir de uma prédica de Johann Baptist von Albertini (1769-1851) [N.T.].

Mas que a forma que reveste este tratado é essa que está aí, foi ao menos cuidadosamente pensado e, decerto, está também psicologicamente correto. Há um estilo que é mais solene, que é tão solene que não expressa muita coisa, e quando se está acostumado demais com ele, então facilmente acaba por não dizer nada.

Por fim, só mais um comentário, sem dúvida supérfluo, mas sobre o qual, ainda assim, assumirei a responsabilidade: de uma vez por todas quero chamar a atenção ao fato de que em todo este livro, como o próprio título, aliás, já diz, desespero é entendido como a doença, não como o remédio. Tão dialético é, de fato, o desespero. Assim também na terminologia cristã a morte é expressão da maior das misérias espirituais, e, contudo, a cura está em morrer, em morrer-para[68].

Em 1848.

---

68. Os termos traduzidos como *morrer* e *morrer-para* correspondem respectivamente a *at døe*, e a *at afdøe*. O termo *afdøe* refere-se a uma ideia central em Paulo, a de que em Cristo o ser humano está *morto para o pecado*. Cf. Rm 6,2: "Nós, que morremos para o pecado, como haveríamos de viver ainda nele?" Cf. tb. 1Pd 2,24, onde se afirma que Cristo *"levou os nossos pecados* em seu próprio corpo, a fim de que, mortos para os nossos pecados, vivêssemos para a justiça [...]" (grifo no original). Esta ideia foi intensificada no pietismo, de modo que a vida seria diariamente um morrer para o pecado, para a temporalidade, para a finitude e para o mundo, em autonegação. Em alemão o termo é normalmente traduzido por *Absterben*. Em inglês encontramos as opções *to die to the world* (Hong) e *to depart from life* (Hannay). Em francês por *mourir au monde* (Ferlov e Gateau), em espanhol por *morir a todas las cosas terrenas* (Rivero). Em italiano, Ettore Rocca traduz por *morire a*. Em dinamarquês Kierkegaard alude à ideia bíblica, mas deixa o verbo sem objeto, causando certa estranheza no leitor. Nesta tradução tentou-se manter tanto a alusão ao texto bíblico quanto o tom que Kierkegaard dá ao texto [N.T.].

iludir com a ideia abstrata de ser humano[62], ou jogar o jogo da admiração com a história do mundo[63]. Todo conhecer cristão, por mais rigorosa que seja sua forma, tem que ser preocupado[64]; mas essa preocupação é justamente o edificante. A preocupação é a relação para com a vida, para com a realidade[65] da personalidade e, portanto, no sentido cristão, é a seriedade; a indiferente |118| exaltação do saber está muito longe de ser, no sentido cristão, mais séria; do ponto de vista cristão ela é gracejo e vaidade. Mas a seriedade é, por sua vez, o edificante.

Este pequeno escrito está, pois, num certo sentido, constituído de tal modo que até um estudante[66] poderia escrevê-lo; mas num outro sentido, talvez de modo que não é qualquer professor[67] que conseguiria escrevê-lo.

---

62. *Det rene Menneske*: literalmente o ser humano limpo, puro. Alusão à ideia do ser humano como pura abstração. O autor parece aludir à categoria hegeliana do puro ser [N.T.].

63. *lege Forundringsleg med Verdenshistorien*: o jogo da admiração, também chamado de *cadeira da admiração*, refere-se a uma brincadeira de festa na qual forma-se um círculo de pessoas, uma pessoa é posta no centro e outra vai perguntando aos participantes do círculo o que os admira com relação à pessoa que está no centro. As respostas, frequentemente caçoando, são sussurradas à pessoa que perguntou e esta, posteriormente, repete as respostas à pessoa no centro, que, então, deve tentar adivinhar quem foi o autor de cada resposta. A imagem é usada em referência à perspectiva da história mundial, em parte com relação a Hegel e aos hegelianos, em parte com relação a N.F.S. Grundtvig (1783-1872) e a seus seguidores [N.T.].

64. *Bekymret*: corresponde ao substantivo *Bekymring*, que pode ser traduzido também por inquietação ou cuidado [N.T.].

65. *Virkelighed*: assim como no alemão, o dinamarquês tem duas palavras para dizer realidade: *Virkelighed* e *Realitet*. Nesta obra o termo *Virkelighed* é o mais utilizado, sempre designando a realidade efetiva, a efetividade. O termo *Realitet* aparece poucas vezes e designa a realidade do pensamento, do conceito, da crença, como quando o autor fala das realidades do arrependimento e da graça, p. ex. Nas poucas vezes em que *Realitet* é utilizado o termo em dinamarquês aparecerá entre colchetes junto à tradução. Quando o termo "realidade" vir sem nenhuma indicação do original estará sempre designando *Virkelighed* [N.T.].

66. *Seminarist*: o estudante que se prepara para tornar-se professor e não estudante de teologia, como poderia parecer. O termo pode ter um sentido depreciativo, sugerindo uma pessoa com formação incompleta [N.T.].

67. *Professor*, no original, ou seja, professor universitário [N.T.].

PREFÁCIO

Talvez a muitos a forma desta "exposição" possa parecer estranha; parecerá rigorosa demais para poder ser edificante, e edificante demais para poder ser rigorosamente científica. No que toca a esse último parecer, não tenho opinião a respeito. Quanto ao primeiro, ao contrário, a minha opinião já não é essa; e se tal fosse o caso, de ser rigorosa demais para ser edificante, pelo meu conceito isso seria então uma falha. Uma coisa, é claro, é se essa exposição não consegue ser edificante para todos, pois nem todos têm as condições para segui-la; outra coisa é que ela tenha o caráter do edificante. Do ponto de vista cristão tudo, tudo deve servir para a edificação. O tipo de cientificidade que, em última instância, não edifica, é, por isso mesmo, não-cristão. Tudo o que é propriamente cristão deve assemelhar-se em sua apresentação à fala do médico junto ao leito do doente; ainda que só o que conhece a Medicina o entenda, jamais se deve esquecer que foi dito junto ao leito do doente. Essa relação do propriamente cristão com a vida (em contraste com um distanciamento científico da vida), ou esse aspecto ético do propriamente cristão, é justamente o edificante, e esse tipo de exposição, por mais rigoroso que de resto seja, é completamente distinto, qualitativamente distinto, do tipo de cientificidade que é "indiferente", cujo sublime heroísmo, visto na perspectiva cristã, está tão longe de ser heroísmo que, do ponto de vista cristão, é uma espécie de curiosidade inumana. Heroísmo cristão, que em verdade talvez seja visto bem raramente, consiste em arriscar completamente tornar-se si mesmo, um ser humano individual, este ser humano individual específico, completamente só diante de Deus, sozinho nesse enorme esforço e nessa enorme responsabilidade; mas não é heroísmo cristão deixar-se

SUMÁRIO

Introdução, 37

Primeira parte
A doença para a morte é desespero, 41

A
Que o desespero é a doença para a morte, 43

A. Desespero é uma doença no espírito, no si-mesmo, e, portanto, pode assumir três formas: desesperadamente não ser consciente de ter um si-mesmo (desespero impropriamente dito); desesperadamente não querer ser si mesmo; desesperadamente querer ser si mesmo, 43

B. Possibilidade e realidade do desespero, 45

C. Desespero é: "a doença para a morte", 48

B
A universalidade dessa doença (do desespero), 53

C
As formas desta doença (do desespero), 61

A. O desespero considerado de modo que não se reflete sobre o estar ou não consciente, mas apenas se reflete sobre os momentos da síntese, 62

a) Desespero visto sob a determinação finitude – infinitude, 62

α) Desespero da infinitude é carecer de finitude, 62

β) Desespero da finitude é carecer de infinitude, 66

b) Desespero visto sob a determinação possibilidade – necessidade, 68

α) Desespero da possibilidade é carecer de necessidade, 69

β) Desespero da necessidade é carecer de possibilidade, 71

B. O desespero visto sob a determinação: consciência, 76

a) O desespero que está na ignorância de ser desespero ou a ignorância desesperada de ter um si-mesmo, e um si-mesmo eterno, 77

b) O desespero que está consciente de ser desespero e que, portanto, está consciente de ter um si-mesmo no qual há algo eterno, e então desesperadamente não quer ser si mesmo, ou desesperadamente quer ser si mesmo, 83

α) Desesperadamente não querer ser si mesmo, desespero da fraqueza, 85

1) Desespero sobre o terreno ou sobre algo terreno, 87

2) Desespero do Eterno ou sobre si mesmo, 97

β) O desespero de desesperadamente querer ser si mesmo, obstinação, 104

**Segunda parte
Desespero é o pecado, 115**

A
Desespero é o pecado, 117

Capítulo 1 As gradações na consciência do si-mesmo (a determinação: diante de Deus), 119

Apêndice: Que a definição de pecado inclui em si a possibilidade do escândalo; uma observação geral sobre o escândalo, 124

Capítulo 2 A definição socrática de pecado, 129

Capítulo 3 Que o pecado não é uma negação, mas uma posição, 139

Apêndice de A: Mas então em certo sentido o pecado não se torna uma grande raridade? (a moral), 144

B
A continuação do pecado, 149

A. O pecado de desesperar sobre o próprio pecado, 153

B. O pecado de desesperar do perdão dos pecados (escândalo), 158

C. O pecado de abandonar o cristianismo *modo ponendo* [positivamente], declarando-o como falsidade, 171

INTRODUÇÃO

"Esta doença não é para a morte" (Jo 11,4). E, no entanto, Lázaro morreu; dado que os discípulos não compreenderam o que Cristo acrescentou mais tarde, "Lázaro, o nosso amigo, dorme, mas vou despertá-lo do sono" (11,11), ele lhes falou diretamente "Lázaro está morto" (11,14). Então Lázaro está morto e, no entanto, esta doença não era para a morte; ele estava morto e, no entanto, esta doença não é para a morte. Bem sabemos nós agora que Cristo pensava no milagre que permitiria aos contemporâneos, "se cressem, ver a glória de Deus" (11,40), o milagre com o qual ele despertou Lázaro dos mortos; então "esta doença" não apenas não era para a morte, mas, como Cristo predisse, "para a glória de Deus, para que o Filho de Deus fosse glorificado por ela" (11,4): oh, mas mesmo se Cristo não tivesse ressuscitado Lázaro, não continua igualmente verdadeiro que esta doença, a própria morte, não é para a morte? Quando Cristo se aproxima do sepulcro e clama em alta voz, "Lázaro, vem para fora" (11,43), não está suficientemente claro que "esta" doença não é para a morte? Mas mesmo se Cristo não tivesse dito isso – o simples fato de que ele, que é "a ressurreição e a vida" (11,25), tenha se aproximado do túmulo, não significa isso que esta doença não é para a morte? O fato de que Cristo exista, não significa isso que *esta* doença não é para a morte? Ou de que teria adiantado a Lázaro ser ressuscitado dos mortos se por fim ele viria a morrer de qualquer modo – de que teria adiantado a Lázaro, se Ele não existisse, Ele que é a ressurreição e a vida para todo aquele |124| que nele crê? Não, não porque Lázaro foi ressuscitado dos mortos, não é por isso que se pode dizer que *esta* doença não é para a morte; mas porque Ele existe, por isso esta doença não é para a morte. Pois humanamente falando, a morte é o fim de tudo, e humanamente falando há esperança apenas enquanto ainda há vida. Mas entendido do ponto de vista cristão, a morte é de modo algum o fim de tudo, mas apenas um evento menor naquilo que é tudo, uma vida eterna; e entendido do ponto de vista cristão, há infinitamente mais esperança na morte do que há quando, humanamente falando, não só há vida, mas a vida na plenitude de saúde e vigor.

Portanto, compreendida do ponto de vista cristão, nem mesmo a morte é "a doença para a morte", e muito menos tudo aquilo que se chama sofrimento terreno e temporal: penúria, doença, miséria, tribulação, adversidade, tormentos, sofrimento interior, pesar, aflição. E mesmo se tais coisas fossem tão pesadas e dolorosas que nós, seres humanos, ou aquele que sofre disséssemos "isso é pior do que a morte" – todas essas coisas que, embora não sejam doença, podem ser comparadas com uma doença, não são, contudo, na compreensão cristã, a doença para a morte.

Tão sublime é o modo como o cristianismo ensinou a pessoa cristã a pensar sobre tudo o que é terreno e mundano, inclusive a morte. É quase como se a pessoa cristã pudesse tornar-se altiva com essa elevação orgulhosa sobre tudo o que normalmente se chama desgraça, sobre tudo o que normalmente se chama o maior dos males. Mas então o cristianismo, por sua vez, descobriu uma condição miserável que o ser humano enquanto tal nem sabe que existe; essa condição é a doença para a morte. O que a pessoa natural classifica como o mais terrível – depois de ter enumerado tudo e nada mais saber mencionar – para a pessoa cristã isso será como uma brincadeira. Tal é a relação entre a pessoa natural e a cristã; é como a relação entre uma criança e um homem: aquilo que faz a criança tremer, o homem desconsidera. A criança não sabe o que é o terrível; o homem sabe e se apavora diante disso. A imperfeição da criança está, primeiramente, em não conhecer o terrível, e, então, por conseguinte, em apavorar-se diante |125| do que não é terrível. E assim também com o ser humano natural: ele ignora o que em verdade é o terrível, entretanto nem por isso está livre de se apavorar, não, ele se apavora diante daquilo que não é o terrível. É similar à relação do pagão para com Deus: ele não conhece o Deus verdadeiro, e, como se não bastasse, adora um ídolo como se fosse Deus.

Só o cristão sabe o que se entende por doença para a morte. Como cristão, ele adquiriu uma coragem que o ser humano natural não conhece – e adquiriu essa coragem ao aprender a temer algo ainda mais terrível. É assim que sempre se adquire coragem; quando se teme um perigo maior, sempre se encontra coragem para enfrentar um perigo menor; quando se teme infinitamente um único perigo, é como se os outros não existissem. Mas o verdadeiramente terrível que o cristão conheceu é "a doença para a morte".

Primeira parte
A doença para a morte é desespero

A
QUE O DESESPERO É A DOENÇA PARA A MORTE

A. Desespero é uma doença no espírito, no si-mesmo, e, portanto, pode assumir três formas: desesperadamente não ser consciente de ter um si-mesmo (desespero impropriamente dito); desesperadamente não querer ser si mesmo; desesperadamente querer ser si mesmo

O ser humano é espírito. Mas o que é espírito? Espírito é o si-mesmo[69]. Mas o que é o si-mesmo? O si-mesmo é uma relação que se relaciona consigo mesma, ou consiste no seguinte: que na relação a relação se relacione consigo mesma; o si-mesmo não é a relação, mas que a relação se relacione consigo mesma. O ser humano é uma síntese de infinitude e de finitude, do temporal e do eterno, de liberdade e de necessidade, em suma, uma síntese. Uma síntese é uma relação entre dois. Assim considerado o ser humano ainda não é um si-mesmo.

Na relação entre dois a relação é o terceiro como unidade negativa, e os dois se relacionam com a relação e na relação se relacionam com a relação; assim sob a determinação de alma, a relação entre alma e corpo é uma relação. Se, ao contrário, a re-

---

69. Si-mesmo, quando escrito dessa forma, traduz o substantivo dinamarquês *Selv* (traduzido por *self*, em inglês, *Selbst* em alemão, *il sé*, em italiano e *moi* em francês), como em *et Selv* (um si-mesmo) e *Selvet* (o si-mesmo). Quando *selv* aparece na forma não substantivada, como, p. ex., em *til sig selv* (para si mesmo), o termo é traduzido sem hífen [N.T.].

lação relaciona-se consigo mesma, então essa relação é o terceiro positivo, e este é o si-mesmo.

Uma tal relação que se relaciona a si mesma, um si-mesmo, deve ou ter estabelecido a si mesma ou ter sido estabelecida por um outro.

Se a relação que se relaciona consigo mesma é estabelecida por um outro, então a relação é certamente o terceiro, mas esta relação, o terceiro, é, por sua vez, novamente uma relação, que se relaciona ao que estabeleceu a relação toda.

|130| Uma tal relação derivada, estabelecida, é o si-mesmo do humano, uma relação que se relaciona a si mesma, e no relacionar-se a si mesma se relaciona a um outro. É por isso que pode haver duas formas para o desespero propriamente dito. Se o si-mesmo do humano tivesse estabelecido a si mesmo, poder-se-ia então falar de apenas uma forma, a de não querer ser si mesmo, de querer livrar-se de si mesmo, mas não se poderia falar de desesperadamente querer ser si mesmo. Esta segunda fórmula é precisamente a expressão da dependência de toda a relação (do si-mesmo), a expressão de que o si-mesmo não consegue chegar a ou estar em equilíbrio e tranquilidade por si mesmo, mas apenas no relacionar-se a si mesmo se relacionando ao que estabeleceu toda a relação. Sim, esta segunda forma de desespero (desesperadamente querer ser si mesmo) está tão longe de meramente designar um tipo específico de desespero que, ao contrário, todo desespero pode, por fim, ser resolvido[70] nela e reconduzido a ela. Se quem desespera está, como acredita estar, ciente de seu desespero, e não fala dele de modo insensato, como de algo que lhe sucede (mais ou menos como quando quem sofre de vertigem fala, em ilusão nervosa, de um peso sobre a cabeça ou ainda que é como se algo tivesse caído sobre ele etc., tal peso e tal pressão que certamente não são algo exterior, mas um reflexo invertido do interior) – e agora com toda sua força por si mesmo e apenas por si mesmo quer anular o desespero: então ele ainda está em desespero e se esforça com todo o seu suposto esforço apenas para

---

70. *opløses* (voz passiva de *opløse*): também pode ser traduzido por dissolvido, diluído [N.T.].

ir ainda mais fundo em seu profundo desespero. A má relação[71] do desespero não é uma simples má relação, mas uma má relação numa relação que se relaciona a si mesma e é estabelecida por um outro, de modo que a má relação nessa relação que é para si também se reflete infinitamente na relação para com o poder que a estabeleceu.

Esta é, pois, a fórmula que descreve o estado do si-mesmo quando o desespero é completamente extirpado: ao relacionar-se a si mesmo e ao querer ser si mesmo, o si-mesmo se funda transparentemente no poder que o estabeleceu.

B. Possibilidade e realidade do desespero

O desespero é uma vantagem ou um defeito? De um ponto de vista puramente dialético ele é ambas as coisas. Se quiséssemos nos deter apenas na ideia abstrata do desespero, sem pensar em uma pessoa desesperada, então deveríamos dizer: ele se constitui numa imensa |131| vantagem. A possibilidade dessa doença é a superioridade do ser humano em relação ao animal, e essa superioridade o distingue de modo bem diverso do que o seu andar ereto, pois indica a sua elevação ou sublimidade infinita, por ser ele espírito. A possibilidade dessa doença é a superioridade do ser humano em relação ao animal; estar atento a essa doença é a superioridade do cristão em relação ao ser humano natural; estar curado dessa doença é a bem-aventurança do cristão.

É, portanto, uma vantagem infinita poder desesperar; e, no entanto, estar desesperado não é apenas a maior desgraça e a maior miséria; não, é perdição. Em geral a relação entre possibilidade e realidade não costuma ser assim; se é vantajoso poder ser isso ou aquilo, então é uma vantagem ainda maior ser isso ou aquilo, ou seja, o ser [det at være] é como uma ascensão em relação ao poder ser. Ao contrário, no que diz respeito ao desespero, o ser é como uma queda em relação ao poder ser; tão infinita é a

---

71. *Misforhold*: trata-se de termo importante em *A doença para a morte* e que, além do sentido de má relação, pode significar também desproporção; discrepância; desequilíbrio; inconsistência; disparidade; desigualdade [N.T.].

superioridade da possibilidade quanto profunda é a queda. Portanto, em relação ao desespero, não estar desesperado é o mais alto. Todavia essa determinação é, por sua vez, ambígua. Não estar desesperado não é como não ser coxo, cego etc. Se não estar desesperado não significa nada mais e nada menos do que não estar desesperado, então isso significa precisamente estar desesperado. Não estar desesperado tem de significar a possibilidade anulada de ser capaz de desesperar; se deve ser verdadeiro que uma pessoa não está desesperada ela deve a cada instante anular essa possibilidade. Em geral a relação entre possibilidade e realidade não costuma ser assim. Pois bem dizem os pensadores que a realidade é a possibilidade anulada[72], mas isso não é totalmente verdadeiro, ela é a possibilidade cumprida, atuante. Aqui, ao contrário, a realidade (não estar desesperado), razão pela qual é também uma negação, é a possibilidade impotente, anulada; em geral a realidade é uma confirmação em relação à possibilidade, aqui ela é uma negação.

Desespero é a má relação na relação de uma síntese que se relaciona consigo mesma. Mas a síntese não é a má relação, ela é apenas a possibilidade, ou, na síntese está a possibilidade da má relação. Se a síntese fosse a má relação, então o desespero absolutamente não existiria, então o desespero seria algo que estaria na natureza humana como tal, ou seja, não seria desespero; ele seria algo que aconteceu à pessoa, algo que ela sofreu, como uma doença da qual a pessoa foi acometida, ou como a morte, |132| que é o destino de todos. Não, desesperar está no próprio ser humano; mas se ele não fosse síntese, absolutamente não poderia desesperar, e se a síntese não saísse originalmente das mãos de Deus na correta relação, ele também não poderia desesperar.

De onde vem então o desespero? Da relação, na qual a síntese se relaciona a si mesma, no instante em que Deus, que fez o

---

72. Um pensador que o diz é o pseudônimo Johannes Climacus, em *Migalhas filosóficas*, no *interlúdio*, § 1: "[...] pois a possibilidade é *nadi*ficada pela realidade" (*Søren Kierkegaards Skrifter* [*SKS*] 4, p. 274). • KIERKEGAARD, S.A. *Migalhas filosóficas ou Um bocadinho de filosofia*. Trad. de Ernani Reichmann e Álvaro Valls. Petrópolis: Vozes, 1995, p. 106 [N.T.].

ser humano para a relação, como que o solta de sua mão[73], quer dizer, quando a relação se relaciona consigo mesma. E nisso, no fato de a relação ser espírito, ser o si-mesmo, nisso está a responsabilidade sob a qual está todo desespero e o está a cada instante em que existe, por mais que, durante muito tempo e engenhosamente o desesperado se engane e engane os outros, e fale do seu desespero como um infortúnio, confundindo-o com o caso de vertigem mencionado anteriormente, com relação ao qual o desespero, embora qualitativamente diferente, tem muito em comum, já que a vertigem corresponde, sob a determinação da alma, ao que o desespero é sob a determinação do espírito, e está prenhe de analogias com o desespero.

Quando então a má relação, o desespero, se instaurou, segue-se daí que continue por si mesmo? Não, ele não continua por si mesmo; se a má relação permanece, isso não provém da má relação, mas da relação que se relaciona a si mesma. Ou seja, a cada vez que a má relação se manifesta e a cada instante em que ela existe, há que retroceder à relação. Note-se como se diz, por exemplo, que alguém contrai uma doença por descuido. Então a doença se instala, e a partir desse instante ela se impõe, e é agora uma *realidade*, cuja origem se torna cada vez mais algo *passado*. Seria tão cruel quanto desumano ficar constantemente dizendo, "você, que está doente, está contraindo a doença neste instante," o que seria como se a cada momento se quisesse resolver a realidade da doença em sua possibilidade. É verdade que ele contraiu a doença, mas isso ele só fez uma única vez; a permanência da doença é uma simples consequência do fato de ele, apenas uma única vez, ter contraído a doença; o progresso da doença não pode lhe ser atribuído como causa a cada momento; ele contraiu a doença, mas não se pode dizer que *está contraindo* a doença. Com relação ao desesperar as coisas são diferentes; cada momento efetivo do desespero deve ser reconduzido à possibilidade, a cada momento em que está desesperado ele *contrai* o desespero; é sempre o tempo

---

73. Ettore Rocca, em sua tradução italiana, indica que há aqui uma referência à *Confissão de Augsburgo*, art. XIX: Da causa do pecado. Cf. *Livro de concórdia*: as confissões da Igreja Evangélica Luterana. 5. ed. Trad. e notas de Arnaldo Schüler. São Leopoldo/Porto Alegre: Sinodal/Concórdia, 1997 (Editado pela Comissão Interluterana de Literatura – IECLB/IELB), p. 36 [N.T.].

presente, que não vem a ser um passado já decorrido em relação à realidade; em cada instante real de desespero o desesperado carrega todo |133| o transcorrido na possibilidade como um presente. A razão disso é que desesperar é uma determinação do espírito, se relaciona ao eterno no ser humano. Mas do eterno ele não pode livrar-se, não, nem por toda eternidade; não pode de uma vez por todas livrar-se dele, nada mais impossível que isso; a cada instante que não o tiver ele deve tê-lo lançado ou o estar lançando para longe de si – mas o eterno retorna, ou seja, a cada instante que está desesperado ele contrai o desesperar. Pois o desespero não resulta da má relação, mas da relação que se relaciona a si mesma. E a relação para consigo mesmo é algo do qual o ser humano não pode livrar-se, assim como não pode livrar-se do seu si-mesmo, o que, de resto, é a mesma coisa, já que o si-mesmo, afinal de contas, é a relação para consigo mesmo.

C. Desespero é: "a doença para a morte"

Este conceito, da doença para a morte, deve, contudo, ser entendido em um sentido específico. Literalmente significa uma doença cujo fim, cujo resultado, é a morte. Por isso se fala de doença mortal como sinônimo de doença para a morte. O desespero não pode ser chamado de a doença para a morte nesse sentido. Mas, entendido do ponto de vista cristão, a própria morte é uma passagem para a vida. Assim, do ponto de vista cristão, nenhuma doença terrena, corporal, é doença para a morte. Pois a morte é certamente o fim da doença, mas a morte não é o fim de tudo. Se se há de falar de uma doença para a morte no mais rigoroso sentido, tem de ser uma doença cujo fim último é a morte e em que a morte é o fim de tudo. E é isso exatamente o desespero.

Contudo o desespero é a doença para a morte num outro sentido, ainda mais determinado. Pois não é o caso, longe disso, de se morrer, num sentido literal, dessa doença, ou que essa doença termine na morte do corpo. Ao contrário, o tormento do desespero consiste precisamente em não poder morrer. Ele tem, pois, mais semelhança com o estado do agonizante quando este, em seu leito, debate-se com a morte e não consegue morrer. Assim, estar doente *para* a morte é não poder morrer, porém, não como se houvesse esperança de vida, não, a desesperança é que não há nem mesmo a última esperança, a morte. Quando a morte é o perigo maior tem-se esperança na vida; mas quando se toma conhecimento de um perigo ainda mais terrível, então se deposita a esperança na morte. |134| Quando, pois, o perigo é tão grande que a morte se tornou a esperança, então o desespero é a desesperança de nem mesmo poder morrer.

É nesse último sentido, então, que o desespero é a doença para a morte, essa torturante contradição, essa doença no si-mesmo, eternamente morrer, morrer e, contudo, não morrer, morrer a morte[74]. Pois morrer significa que tudo acabou, mas morrer a morte significa vivenciar o morrer; e se isso é vivenciado por um único momento, então, com isso, se o vivencia eternamente. Se uma pessoa morresse de desespero assim como se morre de uma doença, então o eterno que há nela, o si-mesmo, deveria poder morrer no mesmo sentido em que o corpo morre da doença. Mas isso é impossível; o morrer do desespero se converte continuamente em um viver. O desesperado não pode morrer; "assim como o punhal não pode matar pensamentos"[75]. Também o desespero não pode consumir o eterno, o si-mesmo, que está como base para o desespero, cujo verme não morre e cujo fogo não se apaga[76]. Contudo, o desespero é precisamente um *auto*consumir-se, mas um autoconsumir-se impotente, que não consegue realizar o que pretende. Mas o que ele mesmo quer é consumir a si mesmo, o que não consegue fazer, e essa impotência é uma nova forma de autoconsumir-se, na qual o desespero, novamente, não consegue fazer o que quer, consumir a si mesmo; isso é uma potenciação, ou a lei da potenciação. Isso é o que inflama, ou é o gélido arder no desespero, essa ação corrosiva cujo movimento se volta sempre para dentro, de modo cada vez mais profundo, em impotente autoconsumir-se. Que o desespero não consuma o desesperado, longe de ser algum consolo para ele, é justamente o contrário, esse consolo é justamente o tormento,

---

74. *at døe Døden*: morrer a morte, referência a Gn 2,17, conforme a Bíblia dinamarquesa em sua edição de 1830, utilizada por Kierkegaard [N.T.].

75. Referente a um verso do poeta dinamarquês Johannes Ewald (1743-1781) [N.T.].

76. Alusão a Mc 9,48. Cf. tb. Is 66,24 [N.T.].

é justamente o que mantém a corrosão viva e mantém a vida na corrosão; pois é justamente sobre isso – não que ele tenha desesperado – mas que desespere: que não possa consumir a si mesmo, não possa livrar-se de si mesmo, não possa reduzir-se a nada. Esta é a fórmula intensificada[77] do desespero, a elevação da febre nessa doença do si-mesmo.

Um desesperado desespera sobre *algo*. Assim parece por um instante, mas apenas por um instante; no mesmo instante o verdadeiro desespero se mostra ou o desespero se mostra em sua verdade. Desesperando sobre *algo* ele desesperava de fato sobre *si mesmo*, e agora quer livrar-se de si mesmo. Quando, por exemplo, o ambicioso cujo lema é "ou César ou nada"[78] não se torna César, então ele desespera sobre isso. Mas isso significa uma outra coisa: que, justamente porque não se tornou César, ele agora não pode suportar ser ele mesmo. Então de fato não desespera sobre não ter se tornado | 135 | César, mas sobre si mesmo, por não ter se tornado César. Este si-mesmo que, se tivesse se tornado César, teria sido seu maior prazer – em outro sentido, aliás, igualmente desesperado – este si-mesmo é agora para ele o que há de mais insuportável. Num sentido mais profundo não é o fato de não ter se tornado César que lhe é insuportável, mas este si-mesmo, que não se tornou César, é que lhe é o insuportável, ou de modo ainda mais correto, o intolerável para ele é que não consegue livrar-se de si mesmo. Se tivesse se tornado César, então teria desesperadamente se livrado de si mesmo; mas não se tornou César e não pode desesperadamente livrar-se de si mesmo. No essencial ele é igualmente desesperado, pois não tem o seu si-mesmo, não é si mesmo. Se tivesse se tornado César, ainda não teria se tornado si mesmo, mas teria se livrado de si mesmo; e ao não se tornar César desespera sobre não poder livrar-se de si mesmo. É, portanto, uma observação superficial (de quem provavelmente nunca viu um desesperado, nem mesmo a si próprio) dizer de um desesperado, como se isso fosse o seu castigo: ele está se consumindo. Pois é justamente isso que ele desesperadamente não consegue, é precisamente isso que, para seu tormento, não consegue fazer, já que com o de-

---

77. *Potentserede*: intensificada ou potenciada [N.T.].
78. "Aut Cæsar, aut nihil", lema atribuído a César Bórgia (1475-1507) [N.T.].

sespero pegou fogo em algo que não queima, que não se consome, no si-mesmo.

Desesperar sobre algo, portanto, ainda não é desespero em sentido próprio. Isso é o começo, ou é como quando o médico diz de uma doença, que ela ainda não se manifestou. O passo seguinte é o desespero manifesto, desesperar sobre si mesmo. Uma jovem desespera por amor, desespera, portanto, sobre a perda do seu amado, que ele tenha morrido ou lhe tenha sido infiel. Isso não é desespero manifesto, não, ela está desesperando sobre si mesma. Esse seu si-mesmo, do qual teria se livrado ou perdido com a maior das alegrias se tivesse se tornado a amada "dele", esse si-mesmo é para ela agora um tormento, agora que deve ser um si-mesmo sem "ele"; esse si-mesmo que teria se tornado seu tesouro, embora em outro sentido igualmente desesperado, se tornou agora para ela um vazio repugnante, já que "ele" morreu, ou então se tornou para ela algo repulsivo que lembra que foi enganada. Experimenta, agora, dizer o seguinte para uma tal jovem: tu estás te consumindo, e a ouvirás responder: "oh, não, o suplício é justamente que eu não consigo fazê-lo".

Desesperar sobre si mesmo, desesperadamente querer livrar-se de si mesmo, é a fórmula de todo desespero; portanto a outra forma de desespero, desesperadamente querer ser si mesmo, pode ser reconduzida à primeira, desesperadamente não querer |136| ser si mesmo, assim como nós anteriormente resolvemos a forma desesperadamente não querer ser si mesmo em desesperadamente querer ser si mesmo (cf. A.). Quem desespera quer desesperadamente ser si mesmo. Mas quando desesperadamente quer ser si mesmo, então certamente não quer livrar-se de si mesmo. Sim, é o que parece; mas quando se olha mais de perto, então se vê que a contradição é a mesma. O si-mesmo que ele desesperadamente quer ser é um si-mesmo que ele não é (pois querer ser o si-mesmo que ele é em verdade, é exatamente o oposto do desespero), ou seja, ele quer arrancar o seu si-mesmo desse poder que o estabeleceu. Mas isso ele não consegue, apesar de todo o seu desespero; apesar de todo o esforço do seu desespero aquele poder é o mais forte e o obriga a ser o si-mesmo que não quer ser. Mas assim ele quer, afinal de contas, livrar-se de si mesmo, livrar-se do si-mesmo que ele é para ser o si-mesmo que ele mesmo inventou. Ser si-mesmo, como quer ser, seria para ele (embora, em outro sentido, igualmente desesperado), todo o seu prazer; mas ser obrigado a ser si-mesmo, o que não quer ser, isso é seu tormento, qual seja, que não pode livrar-se de si mesmo.

Sócrates demonstrou a imortalidade da alma pelo fato de que a doença da alma (o pecado) não a consome assim como a doença do corpo consome o corpo[79]. Assim também se pode demonstrar o eterno em um ser humano pelo fato de que o desespero não pode consumir o seu si-mesmo, que esse é justamente o tormento da contradição no desespero. Se não houvesse nada de eterno em um ser humano, então ele absolutamente não poderia desesperar; mas se o desespero pudesse consumir seu si-mesmo, então também não existiria nenhum desespero.

Assim é o desespero, essa doença no si-mesmo, a doença para a morte. O desesperado está mortalmente doente. Em um sentido completamente diferente do que com relação a qualquer doença, essa doença atacou as partes mais nobres; e, no entanto, ele não pode morrer. A morte não é o fim da doença, mas a morte é um fim que não acaba nunca. Ser salvo dessa doença pela morte é impossível, pois a doença e o seu sofrimento – e a morte – consistem justamente em não poder morrer.

Este é o estado no desespero. Por mais que isso escape ao desesperado, e (o que deve valer especialmente para o tipo de desespero que consiste na ignorância de ser desespero) por mais que o desesperado tenha conseguido perder totalmente o seu si-mesmo, e tê-lo perdido de tal modo que a perda não seja nem minimamente perceptível: a eternidade, contudo, tornará manifesto que o seu estado era desespero e o cravará ao seu si-mesmo, de modo que o tormento permaneça sendo o de não poder livrar-se de si mesmo, |137| e se tornará manifesto que era uma ilusão que ele tivesse conseguido fazê-lo. E a eternidade tem de agir assim, pois ter um si-mesmo, ser um si-mesmo, é a maior, a infinita concessão feita ao ser humano, mas, igualmente, a exigência que a eternidade lhe impõe.

---

79. Cf. PLATÃO. *A República*, X, 608d-611a [N.T.].

| 138 |

B
A UNIVERSALIDADE DESSA DOENÇA (DO DESESPERO)

Assim como o médico bem pode dizer que talvez não viva uma única pessoa que esteja completamente sadia, assim também se poderia dizer, se realmente se conhecesse o ser humano, que não vive uma única pessoa que não esteja um pouco desesperada, que bem no íntimo não abrigue uma inquietude, uma discórdia, uma desarmonia, uma angústia por algo desconhecido, ou por algo que ela nem mesmo ousa chegar a conhecer, uma angústia por uma possibilidade da existência ou uma angústia que ela tem por si mesma, de modo que, assim como o médico fala de se ir levando uma doença no corpo, assim também vai-se levando uma doença, vai-se carregando consigo uma doença do espírito que só de vez em quando, como num lampejo, mostra sua presença com e por uma angústia que lhe é inexplicável. E em todo o caso ninguém viveu e ninguém vive fora da Cristandade sem estar desesperado e, na Cristandade, ninguém, caso não seja um verdadeiro cristão, e, não o sendo inteiramente, ainda está um pouco desesperado.

Esta consideração parecerá sem dúvida a muitos um paradoxo, um exagero e, além disso, uma visão sombria e deprimente. Contudo, ela não é nada disso. Não é sombria, mas busca, ao contrário, lançar luz sobre aquilo que normalmente se deixa numa certa obscuridade; não é deprimente, ao contrário é estimulante, já que considera cada pessoa sob a determinação da mais alta exigência feita a ela, a de ser espírito; tampouco é um paradoxo, ao contrário é um ponto de vista fundamental coerentemente desenvolvido e, portanto, também não é nenhum exagero.

|139| A consideração comum do desespero, ao contrário, se prende às aparências e é, portanto, uma consideração superficial, ou seja, não é nenhuma consideração. Ela supõe que cada um deve saber, melhor que ninguém, se está ou não desesperado. Quem então diz de si mesmo que está desesperado, é visto como desesperado, mas aquele que se considera como não desesperado, não é visto como tal. Consequentemente o desespero se torna um fenômeno mais raro, quando, de fato, ele é o que há de mais comum. O raro não é alguém estar desesperado; não, o raro, muito raro, é que alguém em verdade não o esteja.

Mas a consideração vulgar [*vulgaire*] entende muito mal o desespero. Entre outras coisas ignora completamente (para apenas mencionar isso que, bem entendido, coloca milhares e milhares e milhões sob a determinação do desespero), ignora completamente que constitui precisamente uma forma de desespero o não estar desesperado, não estar consciente de estar desesperado. Num sentido muito mais profundo ocorre à consideração vulgar, na compreensão do desespero, o mesmo que às vezes sucede com relação a determinar se uma pessoa está ou não doente – em um sentido muito mais profundo, pois a consideração vulgar entende muito menos o que é espírito (sem o que tampouco se pode entender o desespero) do que de saúde e doença. Em geral se admite que uma pessoa está sã se ela mesma não se declara doente, ainda mais se ela mesma disser que está sã. O médico, ao contrário, considera a doença de outra maneira. E por quê? Porque o médico tem uma ideia bem determinada e desenvolvida do que significa ter saúde e com esta ideia avalia o estado de uma pessoa. O médico sabe que tal como há uma doença apenas imaginária, também há uma tal saúde; e nesse caso, a primeira coisa que faz é buscar meios para que a doença se manifeste. Em geral o médico não tem, justamente por ser médico (a pessoa competente), confiança absoluta na declaração da própria pessoa sobre o seu estado de saúde. Se o que cada um dissesse sobre o seu estado de saúde, se está saudável ou doente, onde está sentindo dor etc. fosse incondicionalmente confiável, então ser médico seria uma ilusão. Pois um médico não deve apenas prescrever remédios, mas, antes de mais nada, reconhecer a doença e, portanto, verificar primeiro se o suposto doente está de fato doente ou se o supostamente são talvez esteja de fato doente. Assim também é a relação do conhecedor da alma[80] |140| para com o desespero. Ele sabe o que é o desespero, ele o conhece, e por isso não se contenta nem com a declaração de uma pessoa de que não está desesperada, nem com a declaração de que ela o está. Pois deve-se observar que, num certo sentido, nem sempre os que dizem que estão desesperados o estão de fato. É possível, sim, simular o desespero, e pode-se estar iludido e confundir o desespero, que é uma determinação do espírito, com todo o tipo de desgosto e aflição passageiros que vêm e vão sem chegar até o desespero. Todavia, o conhecedor da alma certamente considera também isso como formas de desespero; ele percebe muito bem que é fingimento – mas justamente esse fingimento é desespero; percebe muito bem que esse desgosto etc. não significa grande coisa – mas justamente isso, que não tenha ou não adquira grande significado, é desespero.

A consideração vulgar, além disso, não percebe que o desespero, comparado com uma doença, é dialeticamente diferente daquilo que normalmente se chama doença, porque ele é uma doença do espírito. E esta dialeticidade[81], corretamente entendida, coloca novamente milhares sob a determinação do desespero. Se um médico em um dado momento estava certo de que alguém estava são – e mais tarde adoeceu, então o médico tem razão em afirmar que ele *estava* primeiramente são e que agora, ao contrário, *está* doente. Com o desespero é diferente. Assim que o desespero se mostra, então se mostra que a pessoa estava desesperada. Portanto, em nenhum momento se pode decidir qualquer coisa sobre uma pessoa que não está salva por ter estado desesperada. Pois

---

80. *Sjelekyndiges*: conhecedor da alma, ou psicólogo, como se diria atualmente. À época de Kierkegaard a psicologia era uma parte da filosofia, a doutrina do espírito subjetivo, desenvolvida por Karl Rosenkranz (1805-1879), discípulo de Hegel (Hegel sistematiza o espírito em espírito subjetivo, espírito objetivo e espírito absoluto) [N.T.].

81. O autor usa aqui um adjetivo, *dialektisk* (dialético) de forma substantivada. Ettore Rocca traduz *questo contenuto dialettico*; Alastair Hannay: *this dialectical aspect*; Hong: *this dialectic*; tanto Liselotte Richter quanto Walter Rest: *dieses Dialektische* [N.T.].

tão logo se apresente aquilo que leva a pessoa ao desespero, então no mesmo instante fica claro que ela esteve desesperada por toda a sua vida até então. Por outro lado, de modo algum se pode dizer, quando alguém fica com febre, que agora se torna evidente que a pessoa esteve com febre por toda a sua vida. Mas o desespero é uma determinação do espírito, se relaciona ao eterno, e tem, por isso, algo do eterno em sua dialética.

O desespero não é apenas dialeticamente diferente de uma doença, mas, em relação ao desespero, todas as suas características são dialéticas, e por isso a consideração superficial se engana tão facilmente no determinar se o desespero está ou não presente. O não estar desesperado pode significar justamente estar desesperado, e pode significar estar salvo do desespero. Segurança e tranquilidade podem significar estar desesperado, justamente essa segurança, essa tranquilidade, podem ser o desespero; e podem significar |141| também que se superou o desespero e se conquistou a paz. Não estar desesperado não é como não estar doente; pois não estar doente não pode significar o mesmo que estar doente, mas não estar desesperado pode ser justamente estar desesperado. Com o desespero não se passa o mesmo que com a doença, onde o mal-estar é a doença. De modo algum. Novamente o mal-estar é dialético. Nunca ter percebido esse mal-estar é precisamente estar desesperado.

Isso quer dizer, e está baseado em que, considerado enquanto espírito (e quando se fala sobre desespero deve-se considerar o ser humano sob a determinação do espírito), o estado do ser humano é sempre crítico. Fala-se de uma crise com relação à doença, mas não em relação à saúde. E por que não? Porque a saúde do corpo é uma determinação imediata que se torna dialética apenas no estado da doença, quando então se fala de crise. Mas espiritualmente, ou quando o ser humano é considerado como espírito, tanto saúde quanto doença são críticas; não há nenhuma saúde imediata do espírito.

No momento em que não se considera o ser humano sob a determinação do espírito (e não o fazendo também não se pode falar sobre desespero), mas somente como síntese anímico-corpórea, então a saúde é uma determinação imediata, e somente a doença, da alma ou do corpo, é a determinação dialética. Mas o desespero consiste justamente em que a pessoa não está consciente de ser determinada enquanto espírito. Mesmo aquilo que humanamente falando é o que há de mais belo e amável, a juventude de uma mulher, que é pura paz, harmonia e alegria: isso ainda é desespero. Com efeito, isso é felicidade[82], mas a felicidade não é nenhuma determinação do espírito, e dentro, bem lá dentro, no íntimo mais profundo do mais oculto esconderijo da felicidade, lá habita também aquela angústia que é desespero; e ele quer muito que o deixem ficar ali, pois para o desespero este é o mais amado e mais procurado lugar para habitar: no âmago mais profundo da felicidade. Toda imediatidade, apesar de sua segurança e tranquilidade ilusórias, é angústia e, portanto, bem consequentemente, na maioria das vezes angústia do nada; a descrição mais horrível da coisa mais terrível não deixa a imediatidade tão angustiada quanto meias palavras maliciosas sobre algo vago, insinuadas quase com descuido e, todavia, com a intenção segura e calculista da reflexão; de fato, o que mais angustia a imediatidade é quando se insinua astutamente que ela deve saber muito bem do que se está falando. A imediatidade certamente não o sabe; |142| mas a reflexão nunca realiza uma captura de modo tão certeiro como quando ela forma a sua armadilha com o nada, e a reflexão nunca é tão ela mesma como quando ela é –[83] nada. Há que ter uma reflexão eminente, ou melhor, uma grande fé para poder suportar a reflexão do nada, isto é, a reflexão infinita. Portanto o que há de mais belo e mais amável, a juventude de uma mulher, é, contudo, desespero, é felicidade. Por isso também não adianta ir se esquivando pela vida com essa imediatidade. E se essa felicidade [*Lykke*] consegue [*lykkes*] esquivar-se assim, bem, isso pouco ajuda, pois ela é desespero.

---

82. O termo para felicidade nesse contexto é *Lykke*, que pode ser traduzido também por sorte, boa sorte ou fortuna. Neste parágrafo o autor joga com os termos *Lykke*, *lykkes* (conseguir, alcançar, ter êxito) e *Ulykke* (desgraça, infortúnio, acidente) [N.T.].

83. Aqui, como em muitos casos na escrita de Kierkegaard, o travessão indica uma pausa, de modo semelhante ao nosso uso das reticências. Assim como tem sido feito em muitas outras traduções de obras de Kierkegaard, optou-se aqui por, sempre que possível, manter o estilo de pontuação como usado pelo autor [N.T.].

Pois desespero, justamente por ser totalmente dialético, é aquela doença da qual se pode dizer que a maior desgraça [*Ulykke*] é nunca ter tido – é uma verdadeira felicidade divina [*Guds Lykke*] contrair essa doença, embora seja a mais perigosa de todas quando não se quer ser curado dela. Nos outros casos, é claro, só se pode dizer que é uma felicidade ficar curado de uma doença, a própria doença é a infelicidade.

Portanto a consideração vulgar não pode estar mais longe de ter razão ao supor que o desespero é algo raro; pelo contrário, ele é o que há de mais comum. A consideração vulgar não pode estar mais longe de ter razão ao supor que todo aquele que não pensa que está desesperado ou não se sente desesperado não o está, e que apenas está desesperado aquele que diz que está. Ao contrário, aquele que sem fingimento diz que está desesperado, está um pouco mais próximo, um passo dialético mais próximo [*et Dialektisk nærmere*] de ser curado do que todos aqueles que não são considerados como tais e que não se consideram como desesperados. Mas, e o conhecedor da alma certamente me dará razão nisso, o comum é justamente que a maioria das pessoas vai vivendo sem propriamente se tornar consciente de ser determinada enquanto espírito – e disso vem toda a chamada segurança, satisfação com a vida etc. etc. que justamente é desespero. Aqueles, ao contrário, que dizem estar desesperados, são normalmente ou os que possuem uma natureza tão profunda que têm de se tornar conscientes de ser espírito, ou aqueles a quem experiências amargas e decisões terríveis ajudaram a tornar-se conscientes de ser espírito – ou um ou outro, pois é certamente muito raro aquele que em verdade não esteja desesperado.

Oh, fala-se muito da pobreza e da miséria humanas – eu procuro compreender e também já conheci muitas dessas coisas bem de perto; fala-se muito em desperdiçar a vida: mas só foi desperdiçada a vida daquela pessoa que viveu, enganada pelas alegrias da vida ou por |143| suas dores, e que nunca se tornou, de modo eternamente decisivo, consciente de ser espírito, de ser um si-mesmo, ou, o que dá no mesmo, nunca se tornou atenta a isso, e no sentido mais profundo nunca teve a impressão de que existe um Deus e que "ela", ela mesma, seu si-mesmo, existe diante desse

Deus, um benefício do infinito que nunca se alcança senão através do desespero. Ai, e essa miséria, que tantos vão vivendo, enganados pelo mais bem-aventurado de todos os pensamentos, essa miséria, que a gente se ocupe, ou que a gente mantenha a grande massa das pessoas ocupada com todas as outras coisas, usando-a para fornecer energia para o espetáculo da vida, mas nunca a lembra dessa bem-aventurança; que a gente agrupe as pessoas e as engane ao invés de separá-las, de modo que cada indivíduo possa alcançar o mais elevado, a única coisa pela qual vale a pena viver e suficiente para viver por uma eternidade: parece-me que eu poderia chorar por uma eternidade sobre o fato de que essa miséria existe! Oh, e essa é, em minha opinião, mais uma expressão do horror desta que é a mais terrível de todas as doenças e misérias, o fato de ser oculta, não apenas que aquele que sofre dela possa desejar ocultá-la e consiga fazê-lo, não que ela possa habitar em uma pessoa de tal modo que ninguém, ninguém a descubra, não, mas que possa estar tão oculta em uma pessoa que nem mesmo ela saiba disso! Oh, e quando então a ampulheta, a ampulheta da temporalidade tiver se esvaziado [*udrundet*]; quando o barulho do mundo tiver cessado e as atividades, inquietas ou inúteis, chegarem ao fim; quando tudo ao teu redor estiver quieto, assim como é na eternidade – então se tu tiveres sido homem ou mulher, rico ou pobre, dependente ou independente, feliz ou infeliz; se em realeza vestiste o brilho de uma coroa ou em modesta obscuridade apenas suportaste a fadiga e o calor do dia[84]; se o teu nome será lembrado enquanto o mundo existir e, portanto, enquanto existiu, ou se tu, sem nome, correste como um anônimo na multidão inumerável; se a glória que te rodeava superou toda descrição humana, ou se te rodeava o mais severo e mais ignominioso julgamento humano: a eternidade pergunta a ti, e a cada um individualmente nesses milhões e milhões, apenas uma coisa, se tu viveste desesperado ou não, se viveste tão desesperado de modo que tu não sabias que estava desesperado ou de modo que tu esconadeste esta doença no teu interior mais oculto como o teu segredo que fica remoendo, como um fruto de amor pecaminoso em teu coração ou de modo que tu, um terror para os outros, te enfurecias em desespero. E se

---

84. Alusão a Mt 20,12 [N.T.].

foi assim, se tu viveste desesperado, o que quer |144| que tenhas ganhado ou perdido, para ti tudo está perdido, a eternidade não te reconhece, ela nunca te conheceu[85], ou, de modo ainda mais terrível, ela te conhece como és conhecido[86] e te amarra firmemente a ti mesmo no desespero!

---

85. Alusão a Mt 7,23 [N.T.].
86. Alusão a 1Cor 13,12 [N.T.].

| 145 |

C
AS FORMAS DESTA DOENÇA
(DO DESESPERO)

As formas do desespero devem poder ser determinadas de modo abstrato refletindo-se sobre os momentos dos quais o si-mesmo, enquanto síntese, se constitui. O si-mesmo é formado de infinitude e finitude. Mas esta síntese é uma relação, e uma relação que, embora derivada, se relaciona a si mesma, o que é liberdade. O si-mesmo é liberdade. Mas liberdade é o dialético nas determinações de possibilidade e necessidade.

O principal, porém, é que o desespero deve ser considerado sob a determinação da consciência; se o desespero está ou não consciente é o que faz a diferença qualitativa entre um desespero e outro. Sob o ponto de vista conceitual, todo desespero é, por certo, consciente; mas disso não segue que aquela pessoa na qual está o desespero, aquela pessoa que de modo conceitualmente correto pode ser chamada desesperada, está ela mesma consciente disso. Deste modo o decisivo é a consciência. Em termos gerais a consciência, ou seja, a autoconsciência, é o decisivo em relação ao si-mesmo. Quanto mais consciência tanto mais si-mesmo; quanto mais consciência tanto mais vontade, quanto mais vontade tanto mais si-mesmo. Uma pessoa que não tem nenhuma vontade não é nenhum si-mesmo; mas quanto mais vontade ela tem tanto maior também será a sua autoconsciência.

A. O desespero considerado de modo que não se reflete sobre o estar ou não consciente, mas apenas se reflete sobre os momentos da síntese

|146|

a) Desespero visto sob a determinação finitude – infinitude

O si-mesmo é a síntese consciente de infinitude e finitude que se relaciona consigo mesma, cuja tarefa é tornar-se si mesma, o que só se deixa realizar na relação com Deus. Mas tornar-se si mesmo é tornar-se concreto. Mas tornar-se concreto não é nem se tornar finito, nem se tornar infinito, pois o que deve tornar-se concreto é de fato uma síntese. O desenvolvimento deve, portanto, consistir em infinitamente afastar-se de si mesmo na infinitização do si-mesmo e em infinitamente retornar a si mesmo na finitiza-ção. Se, ao contrário, o si-mesmo não se torna ele mesmo, então está desesperado, quer o saiba quer não. Contudo, a cada instante em que um si-mesmo existe ele está no processo de tornar-se, pois o si-mesmo κατα δυναμιν [em potência] não existe efetivamente[87], mas é simplesmente o que deve vir a existir. Na medida em que o si-mesmo não se torna ele mesmo, ele não é ele mesmo; mas não ser si mesmo é precisamente desespero.

α) Desespero da infinitude é carecer de finitude

Que isso seja assim provém do aspecto dialético[88] de que o si--mesmo é uma síntese, razão pela qual cada fator é sempre o seu oposto. Nenhuma forma de desespero pode ser definida direta-mente (ou seja, não-dialeticamente), mas somente ao refletir sobre o seu contrário. Pode-se descrever diretamente o estado do deses-perado no desespero, como o faz o poeta, ao dar-lhe sua fala. Mas determinar o desespero é algo que só se consegue fazer pelo seu contrário; e se o discurso deve ter valor poético, então o colorido

---

87. *er ikke virkeligt til*: Howard e Edna Hong traduzem "does not actually exist"; Ettore Rocca traduz: "non esiste realmente" [N.T.].

88. *det Dialektiske*: o dialético [N.T.].

da expressão deve conter o reflexo do contrário dialético. Portanto cada existência humana que supostamente se tornou ou apenas quer ser infinita, sim, a cada instante no qual uma existência humana se tornou ou apenas quer ser infinita, é desespero. Pois o si-mesmo é a síntese onde o finito é o que limita, o infinito é o que expande. O desespero da infinitude é, portanto, o fantástico, o ilimitado; pois apenas quando o si-mesmo está com saúde e livre de desespero, quando, justamente por ter desesperado, fundamenta-se transparentemente em Deus.

O fantástico se relaciona mais proximamente, é claro, à fantasia[89]; mas a fantasia, por sua vez, se relaciona ao sentimento, ao conhecimento, à vontade, de modo que um ser | 147 | humano pode ter sentimento, conhecimento e vontade fantásticos. A fantasia é basicamente o meio [*Medium*] para a infinitização; ela não é uma faculdade como as outras – se quisermos falar assim, ela é a faculdade *instar omnium* [para todas as faculdades]. Que espécie de sentimento, de conhecimento e de vontade uma pessoa tem depende, no fim das contas, de que fantasia a pessoa tem, quer dizer, de como ela se reflete a si mesma, ou seja, depende da fantasia. A fantasia é a reflexão infinitizadora, por isso o velho Fichte admitiu, muito corretamente que, mesmo em relação ao conhecimento, a fantasia é a origem das categorias. O si-mesmo é reflexão, e a fantasia é reflexão, é a representação do si-mesmo, a qual é a possibilidade do si-mesmo. A fantasia é a possibilidade de toda e qualquer reflexão; e a intensidade deste meio é a possibilidade de intensidade do si-mesmo.

O fantástico é basicamente aquilo que leva uma pessoa para o infinito, de modo que apenas a leva para longe de si mesma, e, com isso, a impede de retornar a si mesma.

Quando o sentimento se torna fantástico desta maneira, então o si-mesmo apenas se volatiliza cada vez mais e se torna finalmente uma espécie de sensibilidade abstrata que de modo inumano não pertence a ninguém, mas de modo inumano, por assim

---

89. *Phantasi*: no sentido de imaginação, capacidade de ideação, criação de imagens. Nesse trecho o autor joga com os termos *Phantasi* e *Phantastisk*, fantástico [N.T.].

dizer, sentimentalmente, participa no destino desta ou daquela abstração; por exemplo, a humanidade *in abstracto*. Tal como o reumático não tem poder sobre suas sensações, mas elas estão sob a influência dos ventos e do clima, de modo que ele involuntariamente sente em si mesmo quando o tempo muda etc., assim também aquele, cujo sentimento se tornou fantástico, de certo modo se infinitiza, mas não de modo a se tornar cada vez mais si mesmo, pois ele perde cada vez mais a si mesmo.

O mesmo se dá com o conhecimento quando se torna fantástico. A lei para o desenvolvimento do si-mesmo no que diz respeito ao conhecimento, enquanto for verdade que o si-mesmo se torna si mesmo, é que o aumento no grau de conhecimento corresponde ao aumento no grau de autoconhecimento, de modo que quanto mais o si-mesmo conhece, tanto mais ele conhece a si mesmo. Se isso não acontece, então quanto mais o conhecimento aumenta, tanto mais ele se torna um tipo de conhecimento inumano, em cuja produção o si-mesmo humano é desperdiçado, quase como se desperdiçaram pessoas para a construção de pirâmides, ou como no conjunto de trompas russo se desperdiçam pessoas ao tocarem um só compasso, nem mais, nem menos[90].

Quando a vontade se torna fantástica, o si-mesmo também é cada vez mais volatilizado. A vontade então não se torna sempre mais concreta no mesmo grau em que se torna mais abstrata, |148| de modo que quanto mais é infinitizada em propósito e determinação tanto mais se torna completamente presente e contemporânea na pequena parte da tarefa, que pode ser realizada agora, prontamente, de modo que na infinitização, no sentido mais rigoroso, volta a si mesma, de modo que, quando *mais longe* de si mesma (quando está mais infinitizada em propósito e determinação) no mesmo instante está *mais próxima do que nunca* de executar aque-

---

90. Conjunto musical russo, que surgiu na metade do século XVIII, em que se utilizava trompas de caça. Composto por vários participantes, cada um tocava apenas uma ou duas trompas, e cada trompa era capaz de emitir apenas um único som, uma única nota, a ser executada em momentos previstos. Assim, o papel de cada músico era o de tocar sua própria nota no tempo preciso e, com isso, manter o compasso do grupo. Kierkegaard escreve compasso (*Takt*) onde, a rigor, trata-se de nota [N.T.].

la parte infinitamente pequena do trabalho, que pode ser executada ainda hoje, ainda nessa hora, ainda nesse instante.

E quando então sentimento ou conhecimento ou vontade se tornaram fantásticos, então afinal todo o si-mesmo pode ficar assim, seja em forma mais ativa, na qual a pessoa mergulha no fantástico, seja em forma mais passiva, em que se deixa levar embora, mas em ambos os casos ela é responsável. O si-mesmo leva então uma existência fantástica em infinitização abstrata ou em isolamento abstrato sempre carente do seu si-mesmo, razão pela qual apenas se afasta cada vez mais. Assim, por exemplo, no âmbito religioso. A relação com Deus é infinitização; mas essa infinitização pode arrastar fantasticamente uma pessoa para longe, de tal modo que se torne apenas uma embriaguez. Pode haver alguém que não aguente existir diante de Deus, justamente porque tal pessoa não consegue retornar a si mesma, tornar-se si mesma. Uma tal pessoa fantástico-religiosa diria (para caracterizá-la com a ajuda de sua réplica): "que um pardal possa viver, compreende-se, ele não sabe que existe diante de Deus. Mas saber que se existe diante de Deus e no mesmo instante não ficar louco ou ser aniquilado!"[91]

Mas só porque uma pessoa se tornou de tal sorte fantástica, e, portanto, desesperada, não significa, mesmo que isso se manifeste com frequência, que a pessoa não possa ir vivendo bastante bem, parecer uma pessoa, ocupar-se com questões temporais, casar-se, ter filhos, ser uma pessoa honrada e respeitada – e talvez não se perceba que, num sentido mais profundo, ela carece de um si-mesmo. Tais coisas não causam grande agitação no mundo; pois um si-mesmo é a coisa da qual menos se sente falta no mundo e a mais perigosa de se mostrar que se tem. O maior perigo, o de perder a si mesmo, pode ocorrer tão silenciosamente no mundo como se nada fosse. Nenhuma perda pode acontecer tão silenciosamente; qualquer outra perda, um braço, uma perna, cinco táleres[92], uma esposa etc. certamente se deixaria notar.

|149|

---

91. Cf. Mt 10,29 [N.T.].

92. *Rigsbankdaler*: moeda corrente na Dinamarca até 1875, quando foi substituída pela coroa dinamarquesa [N.T.].

β) Desespero da finitude é carecer de infinitude

Que isso seja assim provém, como foi mostrado em α, do aspecto dialético [*det Dialektiske*] de que o si-mesmo é uma síntese, razão pela qual cada fator é o seu contrário.

Carecer de infinitude é desesperada limitação, estreiteza. Naturalmente aqui se trata apenas de estreiteza e limitação num sentido ético. No mundo realmente só se fala de estreiteza intelectual ou estética, ou sobre o indiferente, que é sempre o mais falado no mundo; pois o ponto de vista do mundo consiste justamente em dar valor infinito ao indiferente. A visão mundana agarra-se sempre à diferença entre uma pessoa e outra, e não tem, naturalmente (pois tê-lo seria espiritualidade), nenhum entendimento sobre a única coisa necessária[93] e, portanto, não tem nenhum entendimento a respeito da limitação e estreiteza que é ter perdido a si mesmo, não por ser volatilizado no infinito, mas por estar completamente finitizado, por ao invés de ser um si-mesmo ter se tornado um número, uma pessoa a mais, apenas mais uma repetição dessa eterna *Einerlei*[94].

A estreiteza desesperada é carecer de primitividade[95] ou ter se despojado de sua primitividade, ter, espiritualmente falando, emasculado a si mesmo. Cada ser humano é primitivamente estabelecido como um si-mesmo, destinado a tornar-se si mesmo; e certamente cada si-mesmo enquanto tal é anguloso, mas disso segue apenas que ele deve ser lapidado [*tilslibes*], não que deva ser desgastado [*afslibes*], não que por medo das pessoas deva renunciar completamente a ser si mesmo, ou ainda apenas por medo da opinião dos outros não ousar ser si mesmo na sua contingência mais essencial (que definitivamente não deve ser desgastada), na qual se é si mesmo para si mesmo. Mas enquanto um tipo de desespero se lança no infinito e perde a si mesmo, um outro tipo de desespero deixa como que surrupiar o seu si-mesmo "pelos

---

93. Cf. Lc 10,32 [N.T.].

94. *Einerlei* (em alemão, no original): discurso monótono, lengalenga, ladainha [N.T.].

95. *Primitivitet*: o comentário de *SKS* sugere o termo *oprindelighed*, originalidade, como equivalente [N.T.].

outros". Ao ver a multidão ao seu redor, ao ocupar-se com todo tipo de assuntos mundanos, ao adquirir esperteza sobre como andam as coisas no mundo, um tal sujeito se esquece de si mesmo, de como ele, na perspectiva divina, se chama, não ousa acreditar em si mesmo, acha que é arriscado demais ser si mesmo, muito mais fácil e seguro ser como os outros, tornar-se uma cópia, um número, uma parte da massa.

A esta forma de desespero não se dá quase nenhuma atenção no mundo. Um tal sujeito, precisamente por |150| perder-se a si mesmo deste modo, ganhou perfectibilidade[96] para participar dos negócios cotidianos, sim, para fazer sucesso no mundo. Aqui não há nenhuma demora, nenhuma dificuldade com seu si-mesmo e com sua infinitização; ele é tão liso [*afslebet*] quanto um seixo rolado, tão *courant*[97] quanto uma moeda corrente. Longe de ser considerado como alguém desesperado, ele é exatamente aquilo que uma pessoa deveria ser. Em geral o mundo não tem, naturalmente, nenhum entendimento do que seja o verdadeiramente terrível. O desespero que não só não causa nenhum inconveniente na vida, mas torna a vida da gente acolhedora e confortável, naturalmente não é, de jeito nenhum, tido por desespero. Que esta seja a maneira de ver do mundo nota-se, entre outras coisas, também em quase todos os provérbios, que são apenas regras de sabedoria de vida [*Klogskabsregler*]. Diz-se, por exemplo, que a gente se arrepende dez vezes por ter falado e apenas uma por ter calado, e por quê? Porque o ter falado, como um fato exterior, pode envolver alguém em aborrecimentos, já que é uma realidade. Mas, e ter ficado em silêncio! Isso sim, é o que há de mais perigoso. Pois ao manter silêncio a pessoa é deixada por conta própria; aí a realidade não chega até ela para ajudá-la, punindo-a, ao trazer sobre ela as consequências de sua fala. Não, com relação a isso é fácil ficar em silêncio. Mas por isso aquele que conhece o que é o terrível teme ao máximo todo engano, todo pecado que toma a direção interna e não deixa vestígio externo. Aos olhos do mundo é perigoso

---

96. *Perfectibilitet*: termo latino que indica a capacidade de se desenvolver, de fazer progresso, se aperfeiçoar, se tornar completo [N.T.].
97. *Courant* (em francês, no original): comum [N.T.].

ousar deste modo, e por quê? Porque assim é possível perder. Mas não ousar, isso sim é prudência. E, no entanto, precisamente por não ousar pode-se perder de um modo tão terrivelmente fácil aquilo que, por mais que se tenha perdido ao ousar, dificilmente se teria perdido, e de qualquer modo nunca tão facilmente, tão completamente como se não fosse nada – a si mesmo. Pois se eu ousei errado, bem, então a vida me ajuda com a punição. Mas se eu absolutamente não ousei, quem me ajudará então? E se, além disso, ao absolutamente não ousar no sentido mais alto (e ousar no sentido mais alto é precisamente tornar-se atento a si mesmo) eu, covarde, ganho todas as vantagens terrenas – e perco a mim mesmo![98]

E assim são as coisas no desespero da finitude. Por uma pessoa estar desesperada deste modo, pode muito bem ir vivendo, e justamente por isso ainda melhor, na temporalidade, aparentar ser um humano, ser louvado pelos outros, honrado e considerado, ocupado com todos os objetivos temporais. Sim, justamente aquilo que se chama mundanidade consiste apenas em pessoas que, se podemos dizê-lo, vendem a alma ao mundo[99]. Eles usam suas capacidades, ganham dinheiro, realizam empreendimentos mundanos, |151| contabilizam com astúcia etc. etc., talvez sejam mencionados na história, mas si mesmos eles não são; no sentido espiritual, não têm um si-mesmo, nenhum si-mesmo em virtude do qual poderiam arriscar tudo, nenhum si-mesmo [*Selv*] diante de Deus – por mais egoístas [*selviske*] que de resto sejam.

b) Desespero visto sob a determinação possibilidade – necessidade

Possibilidade e necessidade são igualmente essenciais para o tornar-se (e o si-mesmo deve, pois, livremente tornar-se si mesmo). Assim como infinitude e finitude ($\alpha\pi\epsilon\iota\rho o\nu$ – $\pi\epsilon\rho\alpha\varsigma$)[100] pertencem ao si-mesmo, assim também possibilidade e necessidade. Um

---

98. Alusão a Mt 16,26 [N.T.].

99. *forskrive sig til Verden*: alusão ao dito *forskrive sig til Fanden*, que se traduz por "vender a alma ao diabo" [N.T.].

100. *Ápeiron – peras*: ilimitado – limitado, ou infinito – finito [N.T.].

si-mesmo que não tem nenhuma possibilidade está desesperado, e assim também um si-mesmo que não tem nenhuma necessidade.

α) Desespero da possibilidade é carecer de necessidade

Isso tem sua razão, como já foi mostrado, no aspecto dialético [*det Dialektiske*].

Assim como a finitude é o limitante em relação à infinitude, assim também a necessidade, em relação à possibilidade, é o que retém. Quando o si-mesmo, enquanto síntese de finitude e infinitude, é posto, ele é κατα δυναμιν [em potência], pois ele, para vir a ser, se reflete no *medium*[101] da fantasia, e com isso a possibilidade infinita se mostra. O si-mesmo κατα δυναμιν é tanto possível quanto necessário; pois ele é de fato ele mesmo, mas deve tornar-se si mesmo. Na medida em que é ele mesmo, ele é necessário, e na medida em que deve tornar-se si mesmo, ele é uma possibilidade.

Se, pois, a possibilidade atropela a necessidade, então o si--mesmo escapa de si mesmo na possibilidade, de modo que não tem nada de necessário para onde deva retornar: esse é o desespero da possibilidade. Este si-mesmo se torna uma possibilidade abstrata que se debate na possibilidade até cansar, mas que nem sai do lugar nem chega a lugar algum, pois o necessário é justamente o lugar; tornar-se si mesmo é justamente um movimento no lugar. Tornar-se é um movimento a partir do lugar, mas tornar-se si mesmo é um movimento no mesmo lugar.

A possibilidade parece então cada vez maior para o si-mesmo, ele se torna cada vez mais possível, porque nada se torna real. Ao final parece que tudo é possível, mas isso se dá justamente quando o abismo engoliu o si-mesmo. Para se tornar realidade cada pequena |152| possibilidade já necessita de algum tempo. Mas por fim o tempo que deveria ser usado para a realidade se torna cada vez mais curto, tudo se torna cada vez mais instantâneo. A possi-

---

101. *Medium*: trata-se de termo relativamente comum em Kierkegaard e que pode ser traduzido por meio, no sentido de lugar ou ambiente. Para evitar ambiguidades o termo foi mantido no original [N.T.].

bilidade se torna cada vez mais intensa, mas no sentido da possibilidade, não no sentido da realidade; pois intensidade no sentido da realidade consiste em que algo daquilo que é possível se torne real. No instante algo se mostra como possível e então aparece uma nova possibilidade, e finalmente essas fantasmagorias seguem tão rapidamente umas às outras como se tudo fosse possível, e este é justamente o último instante, o ponto onde o indivíduo[102] se transforma completamente numa miragem.

Sem dúvida, aquilo de que o si-mesmo agora carece é de realidade; assim também se diz na linguagem comum, como normalmente se ouve em conversas, que uma pessoa se tornou irreal. Mas sob um exame mais próximo é propriamente necessidade o que lhe falta. Pois não é assim, tal como os filósofos explicam, que a necessidade é a unidade de possibilidade e realidade[103]; não, a realidade é a unidade de possibilidade e necessidade. Também não é apenas uma falta de força quando um si-mesmo se extravia assim na possibilidade; pelo menos não se deve compreender isso no sentido comum. O que falta propriamente é força para obedecer, para se curvar sob a necessidade no seu si-mesmo, o que se pode chamar de seu limite. A desgraça, portanto, não é que um tal si-mesmo não tenha se tornado algo no mundo, não, a desgraça é que ele não tenha se tornado atento a si mesmo, ao fato de que o si-mesmo que ele é seja algo de completamente determinado e, dessa forma, o necessário. Ao contrário, ele perdeu a si mesmo nisso, que esse si-mesmo se refletiu fantasticamente na possibilidade. Já no que diz respeito a ver a si *mesmo* em um espelho, é necessário conhecer a si mesmo, pois se não for assim, então não

---

102. *Individ*: o dinamarquês possui dois termos que podem ser traduzidos por indivíduo: *Individ* e *Den Enkelte*. Nesta obra o termo *Individ* é utilizado em apenas três ocasiões, indicando o "indivíduo" em sentido geral, e não no sentido específico que é desenvolvido no pensamento de Kierkegaard. Nas poucas vezes em que o termo *Individ* é utilizado o termo em dinamarquês aparecerá entre colchetes junto à tradução. Quando o termo "indivíduo" vier sem nenhuma indicação do original, na grande maioria dos casos, estará sempre designando *Den Enkelte* [N.T.].

103. Cf. HEGEL, G.W.F. *Enciclopédia das Ciências Filosóficas em Compêndio –* Vol 1: *A Ciência da Lógica*, § 147: "A necessidade foi definida corretamente como unidade de possibilidade e realidade" [Die Notwendigkeit ist zwar richtig als Einheit der Möglichkeit und Wirklichkeit definiert worden]. A esse respeito, cf. tb. *Interlúdio* de *Migalhas filosóficas*, esp. § 1, Devir (*SKS* 4, p. 273-275) [N.T.].

se vê a si *mesmo*, mas apenas a um ser humano. Mas o espelho da possibilidade não é um espelho comum, ele deve ser usado com extrema cautela. Pois sobre este espelho vale no sentido eminente que ele é falso. Que um si-mesmo se mostre deste ou daquele modo na possibilidade de si mesmo é apenas meia verdade; pois na possibilidade de si mesmo o si-mesmo ainda está longe ou apenas é si mesmo pela metade. A questão, portanto, é como a necessidade deste si-mesmo o determina mais especificamente. Com a possibilidade é como quando se convida uma criança para brincar; a criança logo está disposta, mas a questão é se os pais o permitirão – e tal como é com os pais, assim também é com a necessidade.

|153| Mas na possibilidade tudo é possível. Por isso é possível perder-se na possibilidade de todas as maneiras possíveis, mas, essencialmente, de duas. Uma forma é a que deseja, aspira, a outra, a melancolicamente fantástica (por um lado a esperança, por outro o temor ou a angústia). Conta-se muitas vezes em histórias de aventura e lendas folclóricas sobre um cavaleiro que de repente viu um pássaro raro e saiu a persegui-lo, pois no começo parecia que eles estavam muito próximos – mas então o pássaro seguiu voando sempre, até chegar a noite, quando o cavaleiro se perdera dos seus, sem poder encontrar o caminho de volta, no deserto onde agora se encontrava: assim se passam as coisas com a possibilidade do desejo. Ao invés de recolocar a possibilidade na necessidade, ele corre atrás da possibilidade – e afinal não consegue encontrar o caminho de volta para si mesmo. – Na melancolia ocorre o contrário, do mesmo modo. Amando melancolicamente, o indivíduo [*Individ*] persegue uma possibilidade da angústia, a qual acaba por afastá-lo de si mesmo, e assim ele perece naquela angústia, ou então naquilo sobre o que se angustiava em perecer.

β) Desespero da necessidade é carecer de possibilidade

Se quiséssemos comparar o extraviar-se na possibilidade com o balbuciar vocálico dos bebês, então carecer de possibilidade seria como ser mudo. O necessário é como puras consoantes, mas para pronunciá-las tem de haver possibilidade. Quando esta falta, quando uma existência humana chega a carecer de possibilidade, ela está desesperada, e o está a cada instante em que lhe falta possibilidade.

Em geral se pensa que existe uma certa idade que é especialmente rica em esperança, ou se fala que em um certo tempo, em um momento específico de sua vida, alguém é ou foi muito rico em esperança e possibilidade. Tudo isso, porém, é apenas discurso humano que não chega ao verdadeiro; todo esse esperar e todo esse desesperar ainda não são nem o verdadeiro esperar nem o verdadeiro desesperar.

O decisivo é: para Deus tudo é possível[104]. Isso é eternamente verdadeiro e, portanto, verdadeiro a cada instante. Isso é o que certamente se diz no dia a dia, e no dia a dia é assim que se fala, mas a decisão só ocorre quando a pessoa é levada ao extremo, quando, humanamente falando, não há mais nenhuma possibilidade. Então a questão é se se quer crer que para Deus tudo é possível, ou seja, se se quer *crer*. Mas essa é exatamente a fórmula para perder o entendimento; |154| crer é justamente perder o entendimento para ganhar a Deus. Suponhamos o seguinte: pensa numa pessoa que, com toda uma capacidade para imaginar pesadelos terríveis, tenha imaginado um ou outro pesadelo absolutamente insuportável. Então isso lhe acontece, precisamente esse pesadelo lhe acontece. Humanamente falando, sua ruína é o que há de mais certo – e o desespero de sua alma luta desesperadamente para ter o direito de desesperar, para encontrar, digamos, tranquilidade para desesperar, o consentimento da inteira personalidade para desesperar e estar em desespero, então não há nada nem ninguém que ela amaldiçoaria mais do que a tentativa ou a pessoa que tentasse impedi-la de desesperar, como o exprime de modo magnífico e incomparável o poeta dos poetas (Ricardo II: Verwünscht sei Vetter, der mich abgelenkt / Von dem bequemen Wege zur Verzweiflung. Ato III, Cena III)[105]. Assim,

---

104. Cf. Mt 19,26 [N.T.].

105. Kierkegaard cita Shakespeare a partir da tradução alemã de Schlegel e Tieck: "Maldito sejas, primo, que me desviaste / Do confortável caminho para o desespero". No texto original de Shakespeare esses versos se encontram, diferentemente do que está na tradução para o alemão, no Ato III, Cena II: "Beshrew thee, cousin, which didst lead me forth / Of that sweet way I was in to despair!" [N.T.].

então, a salvação é, humanamente falando, aquilo que há de mais impossível; mas para Deus tudo é possível! Este é o combate da *fé* [Troens], que luta, se quisermos, loucamente pela possibilidade. Pois só a possibilidade é salvadora. Quando alguém desmaia, então se grita: Água! *Eau de Cologne!* Gotas de Hoffmann! Mas quando alguém quer desesperar, então se diz: arranjem possibilidade, arranjem possibilidade, possibilidade é a única salvação; uma possibilidade, e então o desesperado respira novamente, ele volta a viver, pois sem possibilidade a pessoa fica como que sem ar. Às vezes uma engenhosidade da imaginação humana pode até inventar uma possibilidade, mas por fim, i. e., quando o que vale é *crer* [at troe], apenas isso ajuda, que para Deus tudo é possível.

É assim que se luta aí. Se um tal combatente vai sucumbir, depende exclusivamente de uma coisa: se ele será capaz de fazer surgir a possibilidade, i. e. se vai crer. E, no entanto, ele compreende que, humanamente falando, sua ruína é o que há de mais certo. Isso é o dialético no crer[106]. Em geral uma pessoa nada mais sabe do que: espera-se, supõe-se etc., que isso e aquilo não irá lhe acontecer. Mas se acontecer, então ela sucumbe. O temerário se lança em um perigo cuja possibilidade também pode ser esta ou aquela; e se isso lhe acontece, então ele desespera e sucumbe. *Aquele que crê*, vê e entende, humanamente falando, a sua ruína (naquilo que lhe aconteceu, ou no que ousou), mas ele crê. Por isso não sucumbe. Ele deixa inteiramente para Deus a questão de como será ajudado, mas crê que para Deus tudo é possível. *Crer* em sua ruína é impossível. Compreender que algo, em termos humanos, é sua ruína e, contudo, ainda assim crer na possibilidade, isso é crer. Então |155| Deus também o ajuda, talvez ao deixá-lo evitar o horror, ou talvez com o próprio horror, pois aqui a ajuda se mostra inesperadamente, miraculosamente e divinamente. Miraculosamente; pois é um estranho melindre pensar que só pudesse ter acontecido há 1800 anos que um ser humano fosse ajudado miraculosamente. Que alguém seja ajudado miraculosamente, depende, no essencial, de com que paixão do entendimento entendeu que a ajuda era impossível e, depois, de quão honesto ele é para com o poder que

---

106. *Dette er det Dialektiske i at troe.* Outra tradução possível: isso é o aspecto dialético no crer [N.T.].

o ajudou. Mas normalmente as pessoas não fazem nem uma coisa nem outra; elas gritam que a ajuda é impossível sem nunca terem tensionado o entendimento para encontrar ajuda, e, depois de tudo, ainda mentem de modo ingrato.

Aquele que crê[107] possui o antídoto eternamente seguro contra o desespero: possibilidade; pois para Deus tudo é possível a todo instante. Esta é a saúde da fé, que resolve contradições. A contradição aqui é que, humanamente falando, a ruína é certa e que, no entanto, ainda há possibilidade. Saúde é, em última instância, a capacidade de resolver contradições. Por exemplo, em relação ao corpóreo ou ao físico, uma corrente de ar é uma contradição, pois a corrente de ar é frio e calor de modo incompatível ou não-dialético; mas um corpo sadio resolve essa contradição e não sente a corrente de ar. Assim também com a fé.

Carecer de possibilidade significa que tudo se tornou necessário para alguém ou que tudo se tornou trivialidade.

O determinista, o fatalista, está desesperado e, como desesperado, perdeu seu si-mesmo, pois para ele tudo é necessidade. As coisas lhe acontecem como para com aquele rei que morreu de fome, pois toda a comida se transformava em ouro[108]. A personalidade é uma síntese de possibilidade e necessidade. Portanto as coisas se passam com a sua continuidade assim como com a respiração (*Respirationen*)[109], que consiste num inspirar e num expirar. O si-mesmo do determinista não consegue respirar, pois é impossível respirar apenas necessidade[110], a qual só faz sufocar o si-mesmo humano. – O fatalista é um desesperado, perdeu a Deus e, assim, também seu si-mesmo; pois quem não tem um Deus também não tem nenhum si-mesmo. Mas o fatalista não tem nenhum Deus ou, o que dá no mesmo, o seu Deus é a necessidade; pois, dado que para Deus tudo é possível, então Deus é isto, que tudo seja possível. Portanto a adoração a Deus do fatalista é, no

---

107. *Den Troende*: o que crê, o crente [N.T.].
108. Rei Midas, cf. OVÍDIO. *Metamorfoses*, XI, 85-145 [N.T.].
109. Em latim, no original [N.T.].
110. *det Nødvendige*: o necessário, em sua forma substantivada [N.T.].

máximo, uma interjeição e, essencialmente, ela é mutismo, muda submissão, ele é incapaz de orar. Orar é também respirar, e a possibilidade é para o si-mesmo o que o oxigênio é para a respiração. Mas assim como ninguém pode respirar apenas |156| oxigênio, ou apenas nitrogênio, assim, tampouco a pura possibilidade ou a pura necessidade podem condicionar o respirar da oração. Para orar deve haver um Deus, um si-mesmo – e possibilidade, ou um si-mesmo e possibilidade num sentido fecundo, pois Deus é isto, que tudo é possível, ou, que tudo seja possível, é Deus; e só aquele cujo ser foi tão chacoalhado que se tornou espírito ao compreender que tudo é possível, só este se envolveu com Deus. Que a vontade de Deus seja o possível é o que faz com que eu possa orar; se fosse apenas o necessário, então os humanos seriam essencialmente tão incapazes de falar quanto os animais.

Com o filistinismo burguês[111], com a trivialidade, que também carece essencialmente de possibilidade, as coisas são diferentes. O filistinismo burguês é a-espiritualidade[112], determinismo e fatalismo são desespero do espírito; mas a-espiritualidade também é desespero. O filistinismo burguês carece de qualquer determinação do espírito e se deixa absorver pelo provável, onde o possível encontra o seu lugarzinho; carece, assim, de possibilidade para se tornar atento a Deus. Desprovido de fantasia, como o burguês filisteu sempre é, ele vive em um certo compêndio trivial de experiências – sobre como as coisas acontecem, o que é possível, o que normalmente ocorre –, quer o filisteu seja um cervejeiro, quer seja ministro de Estado. Assim o burguês filisteu perdeu a si mesmo e a Deus. Pois a fantasia, para se tornar atenta sobre si mesma e sobre Deus, deve elevar uma pessoa acima da atmosfera da probabilidade, deve arrancá-la disso e, ao tornar possível o que ultrapassa o *quantum satis* [quantidade suficiente] de qualquer experiência, ensinar-lhe a ter esperança e a temer, ou a temer e ter esperança. Mas o burguês filisteu não tem fantasia, não quer tê-la, tem-lhe ódio. Aqui, pois, não há

---

111. *Spidsborgerlighed*: o termo remete a uma mentalidade conformista e prosaica, que dirige a vida normalmente baseada apenas no cálculo e na probabilidade [N.T.].

112. *Aandløshed*: a-espiritualidade, falta ou carência de espírito [N.T.].

socorro para ele. E se a existência às vezes o socorre com acontecimentos terríveis[113] que ultrapassam as triviais experiências da sabedoria de papagaio, então o filistinismo burguês desespera, ou seja, então se manifesta que já havia desespero; assim esse [filistinismo burguês] carece da possibilidade da fé para, com Deus, poder salvar um si-mesmo da ruína que é certa.

O fatalismo e o determinismo têm suficiente fantasia para desesperar da possibilidade, suficiente possibilidade para descobrir a impossibilidade; o filistinismo burguês se tranquiliza no trivial e está igualmente desesperado, quer as coisas estejam bem, quer estejam mal. O fatalismo e o determinismo carecem de possibilidade para relaxar e aliviar, para temperar a necessidade, portanto carecem de possibilidade como alívio; o filistinismo burguês carece de possibilidade como o despertar da a-espiritualidade. Pois o filistinismo burguês acha que dispõe da |157| possibilidade, que enganou essa enorme elasticidade na armadilha ou no manicômio da probabilidade, pensa mantê-la presa; ele anda por aí com a possibilidade presa na gaiola da probabilidade, exibe-a, imagina que é seu senhor, não percebe que, justamente com isso, aprisionou a si mesmo para ser escravo da a-espiritualidade, e o mais miserável de todos. Pois aquele que se perde na possibilidade eleva-se com a audácia do desespero; aquele para quem tudo se tornou necessário desperdiça suas forças na vida, esmagado no desespero: o filistinismo, porém, triunfa a-espiritualmente.

B. O desespero visto sob a determinação: consciência

O grau de consciência comporta em seu crescimento, ou seja, em proporção ao seu crescimento, a potenciação sempre crescente do desespero; quanto mais consciência tanto mais intenso é o desespero. Isso se vê em toda parte, e com a maior clareza no máximo e no mínimo do desespero. O desespero do diabo é o mais intenso, pois o diabo é puro espírito e, portanto, consciência e transparência absolutas; no diabo não há nada de obscuro que pudesse servir como desculpa atenuante, seu desespero é, portanto, a mais abso-

---

113. Acontecimentos terríveis: *Rædsler*, plural de *Rædsel*, horror; pavor; terror [N.T.].

luta obstinação. Este é o máximo do desespero. O mínimo do desespero é um estado que, sim, quase se poderia ser humanamente tentado a dizer, com certa inocência, que nem mesmo se sabe que é desespero. Quando, pois, a inconsciência está em seu máximo, então o desespero é mínimo; é quase como se fosse uma questão dialética se se tem razão em chamar tal estado de desespero.

a) O desespero que está na ignorância de ser desespero ou a ignorância desesperada de ter um si-mesmo, e um si-mesmo eterno

Que essa condição, todavia, seja desespero, e que com razão seja assim denominada, é uma expressão do que se pode chamar, num bom sentido, a teimosia da verdade. *Veritas est index sui et falsi*[114]. Mas, por certo, não se presta atenção a esta teimosia da verdade; assim como está longe de ser o caso de que as pessoas em |158| geral considerem a relação com a verdade, o ato de se relacionar com a verdade, como sendo o bem supremo, muito longe da posição socrática que considerava o estar no erro como a maior das desgraças; o sensível nelas tem frequentemente sobrepujado em muito sua intelectualidade. Quando, por exemplo, uma pessoa supostamente está feliz, imagina estar feliz, enquanto que à luz da verdade está infeliz, na maioria das vezes ela está muito longe de querer ser arrancada do seu erro. Ao contrário, fica indignada, considera quem faz isso como o seu pior inimigo, considera isso como um ataque, algo próximo a um assassinato, no sentido que, como se diz, ele mata a sua felicidade. E de onde vem isso? Provém do fato de que o sensível e o sensível-anímico a dominam completamente; provém do fato de que ela vive nas categorias do sensível, o agradável e o desagradável, sem se preocupar com o espírito, a verdade e assemelhados[115]; provém do fato

---

114. A verdade é critério de si mesma e do falso. Citado livremente a partir de SPINOZA. *Ética* II, Proposição 43, Escólio. Cf. tb. KIERKEGAARD. S.A. *Migalhas filosóficas*. Trad. de Álvaro L.M. Valls e Ernani Reichmann. Petrópolis: Vozes, 1995, p. 78 (*SKS* 4, p. 254-255) [N.T.].

115. *giver Aand, Sandhed o. d. en god Dag*. Mais literalmente: deseja um bom dia ao espírito, à verdade e assemelhados [N.T.].

de que ela é presa demais ao sensível para ter coragem para ousar e para suportar ser espírito. Por mais vaidosas e presunçosas que as pessoas possam ser, elas geralmente têm uma noção muito pobre de si mesmas, ou seja, não têm nenhuma noção do que é ser espírito, o absoluto que uma pessoa pode ser; mas são vaidosas e presunçosas – com base em comparação. Se quisermos imaginar uma casa, com porão, primeiro e segundo pisos, habitada ou construída de modo que houvesse ou estivesse projetada para haver uma distinção social entre os moradores de cada andar – então se compararia o ser uma pessoa com uma tal casa: este é infelizmente o caso, triste e ridículo, da maioria das pessoas, que elas, em suas próprias casas, preferem habitar o porão. Cada ser humano é a síntese anímico-corpórea estabelecida para ser espírito, esta é a construção; mas ele prefere habitar o porão, ou seja, as determinações do sensível. E não apenas prefere morar no porão, não, ele o ama a tal ponto que fica indignado quando alguém lhe sugere ocupar o belo andar superior que está vago à sua disposição – já que ele, afinal de contas, mora na sua própria casa.

Não, estar no erro é, bem ao contrário de Sócrates, aquilo que as pessoas menos temem. Pode-se ver surpreendentes exemplos disso, que a partir de uma escala enorme iluminam a questão. Um pensador constrói um prédio enorme, um sistema, um sistema englobando toda a existência e a história universal etc. – e se observamos sua vida pessoal, então descobrimos, |159| para nossa surpresa, essa coisa horrível e ridícula, que ele mesmo, pessoalmente, não habita este enorme palácio de elevadas abóbadas, mas um galpão ao lado ou uma casinha de cachorro ou, na melhor das hipóteses, a casinha do porteiro. Se com uma única palavra nos permitíssemos chamar a atenção para esta contradição, então ele ficaria ofendido. Pois ele não teme estar no erro, desde que consiga terminar o seu sistema – graças ao fato de estar no erro.

Portanto, que aquele mesmo que está desesperado ignore que seu estado é desespero, não altera nada, ele está igualmente desesperado. Se desespero [*Fortvivlelse*] é extravio [*Forvildelse*], então o fato de se ignorá-lo apenas acrescenta um estar, ao mesmo tempo, no erro. A relação entre ignorância e desespero é como a relação entre ignorância e angústia (cf. *O Conceito de Angústia, de Vigilius Haufniensis*)[116]; a angústia da falta de espírito é reconhecida precisamente pela segurança a-espiritual. Mas de qualquer modo a angústia ainda está na base, assim como o desespero está na base, e quando cessa o encantamento da ilusão, quando a existência começa a vacilar, então o desespero imediatamente também se mostra como aquilo que estava na base.

O desesperado que ignora estar desesperado está, em comparação com aquele que está consciente de estar desesperado, apenas um ponto negativo mais distante da verdade e da salvação. O próprio desespero é uma negatividade, e a ignorância a respeito do desespero é uma nova negatividade. Mas para alcançar a verdade deve-se passar por cada negatividade; pois vale aqui o que diz a lenda popular sobre como quebrar um certo tipo de encantamento: a música deve ser tocada de trás para frente, do contrário o encanto não é quebrado[117]. Contudo, é apenas em um único sentido, em sentido puramente dialético, que aquele que ignora seu desespero está mais longe da verdade e da salvação do que aquele que está ciente de seu desespero e, contudo, permanece no desespero; pois em um outro sentido, ético-dialético, a pessoa conscientemente em desespero e que permanece em desespero está mais longe da salvação, já que seu desespero é mais intenso. Mas a ignorância está tão longe de suprimir o desespero ou de transformar o desespero em não-desespero que, ao contrário, pode ser a mais perigosa forma de desespero. Na ignorância o desesperado está, mas para sua própria ruína, de certo modo seguro contra tornar-se consciente, ou seja, está completamente seguro no poder do desespero.

Na ignorância de estar desesperada a pessoa está o mais distante possível de estar consciente de si mesma enquanto espírito.

---

116. Cf. KIERKEGAARD, S.A. *O conceito de angústia*. Trad. de Álvaro L.M. Valls. Petrópolis: Vozes, 2010, caput III, §1 (Angústia da falta de espírito), p. 101-103 (*SKS* 4, p. 396-399) [N.T.].

117. De acordo com comentário da edição crítica dinamarquesa, *SKS*, trata-se de referência a Thomas Crofton Croker: *Fairy legends and traditions of the south of Ireland*. Londres, 1825. Kierkegaard utiliza a edição alemã de 1826, traduzida por Jakob e Wilhelm Grimm [N.T.].

Mas precisamente não estar consciente de si mesmo enquanto espírito |160| é desespero, que é falta de espírito, quer o estado seja uma completa extinção[118], uma mera vida vegetativa, ou bem uma vida intensa, o seu segredo, contudo, é desespero. Neste último caso dá-se com o desesperado o mesmo que com o tuberculoso: ele se sente melhor, se considera mais saudável do que nunca, e aos outros talvez pareça estar com saúde vicejante, justamente quando a doença está mais perigosa.

Esta forma de desespero (a ignorância dele) é a mais comum no mundo; sim, isso que se chama mundo, ou, definido de modo mais preciso, isso que o cristianismo chama mundo – o paganismo e o ser humano natural na Cristandade, o paganismo como historicamente era e é, e o paganismo na Cristandade – é exatamente esse tipo de desespero, é desespero mas não o sabe. Certamente tanto o paganismo quanto o ser humano natural diferenciam entre estar e não estar desesperado, ou seja, falam sobre o desespero como se houvesse apenas alguns indivíduos desesperados. Mas essa distinção é tão enganosa quanto aquela que o paganismo e o ser humano natural fazem entre amor e amor de si mesmo, como se todo aquele amor não fosse essencialmente amor de si mesmo. Contudo, seria impossível e é impossível ao paganismo e ao ser humano natural irem além dessa distinção enganosa, pois a característica específica do desespero é precisamente esta: ser ignorante de que é desespero.

Daí se vê facilmente que o conceito estético de a-espiritualidade de modo nenhum fornece a medida para julgar o que é e o que não é desespero, o que aliás está completamente em ordem; pois se não se consegue determinar esteticamente o que o espírito em verdade é, como deveria então o estético poder responder a uma pergunta que não existe para ele? Seria também uma enorme tolice negar que tanto nações pagãs *en masse* como pagãos individuais tenham realizado façanhas surpreendentes, que tenham entusiasmado e ainda hão de entusiasmar poetas, negar

---

118. *Uddøethed*: de acordo com o comentário de *SKS*, o termo aqui tem o sentido de "estado sem atividade espiritual" [N.T.].

que o paganismo ostente exemplos que não se possa admirar o suficiente do ponto de vista estético. Também seria uma insensatez negar que no paganismo se tenha levado e que o ser humano natural possa levar uma vida rica no maior gozo estético, usando no maior bom gosto cada um dos favores que lhe é concedido e ainda deixando a arte e a ciência servirem para aumentar, embelezar e refinar o seu prazer. Não, a determinação estética da carência de espírito não fornece |161| a medida para o que é e o que não é desespero; a determinação que deve ser usada é a ético-religiosa: espírito, ou, negativamente, a falta de espírito, a a-espiritualidade. Toda existência humana que não é consciente de si mesma enquanto espírito ou pessoalmente consciente de si mesma enquanto espírito diante de Deus, toda existência humana que não se funda transparentemente em Deus, mas obscuramente descansa e se entrega a algum universal abstrato (Estado, Nação etc.), ou em obscuridade sobre si mesma considera suas capacidades apenas como forças de ação sem, num sentido mais profundo, tornar-se consciente da razão por que as tem, toma a si mesma como alguma coisa de inexplicável, caso devesse ser compreendida internamente – toda existência assim constituída, o que quer que realize, por mais surpreendente que seja, o que quer que explique, mesmo que seja toda a existência, por mais intensivamente que goze a vida esteticamente: toda existência assim constituída é, afinal, desespero. Era isso o que os antigos pais da Igreja queriam dizer quando afirmavam que as virtudes dos pagãos são vícios brilhantes[119], eles queriam dizer que o núcleo do paganismo era desespero, que o paganismo não tinha consciência de estar diante de Deus enquanto espírito. Disso segue também (para mencioná-lo como exemplo, embora essa questão também tenha uma relação mais profunda para com toda essa investigação) que o pagão julgava o suicídio com uma leviandade tão peculiar, sim, até louvava o suicídio, o que certamente, para o espírito, é

---

119. AGOSTINHO. *A Cidade de Deus*: Contra os pagãos. Parte II. Trad. de Oscar Paes Leme. Petrópolis: Vozes, 2010, p. 413-414. Livro XIX, cap. 25. Cf. tb. KIERKEGAARD. S.A. *Migalhas filosóficas*. Trad. de Álvaro L.M. Valls e Ernani Reichmann. Petrópolis: Vozes, 1995, p. 80 (*SKS* 4, p. 256) [N.T.].

o pecado mais decisivo, escapar da existência assim, em rebelião contra Deus. O pagão carecia da determinação espiritual de um si-mesmo, por isso ele julgava deste modo o *suicídio*[120]; e era esse mesmo pagão que julgava severamente o roubo, a luxúria etc. Ele carecia do ponto de vista para o suicídio, carecia da relação com Deus e do si-mesmo; pensado de modo puramente pagão o suicídio é o indiferente, algo que cada um pode fazer como quiser, pois ninguém tem nada a ver com isso. Se uma advertência contra o suicídio devesse ser feita a partir do ponto de vista do paganismo, teria de ser pelo longo desvio de mostrar que se rompeu a relação de dever para com as outras pessoas[121]. O ponto-chave com relação ao suicídio, de que este é um crime contra Deus, escapa completamente ao pagão[122]. Portanto, não se pode dizer que o suicídio fosse desespero, o que teria sido um irrefletido *hysteron-proteron*[123]; deve-se dizer que o fato de que o pagão julgava deste modo o suicídio era desespero.

Entretanto há e permanece havendo uma diferença, e é uma diferença qualitativa, entre o paganismo no sentido mais estrito e o paganismo na Cristandade, a diferença para a qual *Vigilius Haufniensis* chamou a |162| atenção com relação à angústia[124], qual seja, a de que o paganismo certamente carece de espírito mas, mesmo assim, é determinado em direção ao espírito, ao passo que o paganismo na Cristandade carece de espírito afastando-se dele, ou como uma renegação e, portanto, é a-espiritualidade no sentido mais estrito.

---

120. Selv*mordet*: a parte que Kierkegaard destaca em dinamarquês, *Selv*, corresponde ao que aqui tem sido traduzido por si-mesmo [N.T.].

121. Cf. ARISTÓTELES. *Ética a Nicômaco*, V, 11, 1138a [N.T.].

122. Este ponto é válido para os estoicos, mas não para Sócrates e Platão, p. ex. Cf. PLATÃO. *Fédon* (61e-62c) [N.T.].

123. Figura de linguagem em que aquilo que lógica, natural ou, neste caso, cronologicamente vem depois, é mencionado antes [N.T.].

124. Cf. KIERKEGAARD, S.A. *O conceito de angústia*. Trad. de Álvaro L.M. Valls. Petrópolis: Vozes, 2010, caput III, § 1 (Angústia da falta de espírito), p. 101-103 (*SKS* 4, p. 396-399) [N.T.].

b) O desespero que está consciente de ser desespero e que, portanto, está consciente de ter um si-mesmo no qual há algo eterno, e então desesperadamente não quer ser si mesmo, ou desesperadamente quer ser si mesmo

Aqui, naturalmente, deve-se distinguir se aquele que está consciente de seu desespero tem ou não a verdadeira noção a respeito do que seja o desespero. Assim, alguém pode ter razão, a partir da sua própria noção, em dizer que está desesperado, pode ter razão quanto ao fato de estar desesperado e, contudo, ainda não está dito que tem a verdadeira noção do desespero; é possível que considerando sua vida sob essa perspectiva se tenha que dizer: no fundo estás ainda muito mais desesperado do que sabes, o teu desespero penetra muito mais profundamente. Assim também (para lembrar a referência anterior) são as coisas com o pagão; quando ele se compara com os outros pagãos e considera a si mesmo como estando desesperado, ele certamente está correto com relação a seu desespero, mas errado ao considerar os outros como não estando desesperados, ou seja, ele não tinha a verdadeira noção do desespero.

Por um lado, então, a verdadeira noção do que é o desespero é indispensável para o desespero consciente. Por outro lado, é necessária clareza sobre si mesmo – isso à medida que clareza e desespero possam ser pensados como estando juntos. Se uma completa clareza sobre si mesmo, de que se está desesperado, combina com estar desesperado, ou seja, se essa clareza do conhecimento e do autoconhecimento não poderia simplesmente arrancar uma pessoa do desespero, horrorizá-la consigo mesma de modo que cessasse de desesperar, é algo que não decidiremos aqui, nem tentaremos, já que adiante encontraremos um lugar para toda essa investigação[125]. Mas, sem perseguir o pensamento até este ponto dialético mais extremo, nós apenas chamamos a atenção ao fato de que assim como o grau de consciência sobre o que é desespero pode ser tão variado, assim também pode variar

---

125. Esta parte nunca foi escrita. O tema, contudo, é tangenciado adiante em uma nota de rodapé, no início do ponto "2) Desespero do eterno ou sobre si mesmo", p. 98 [N.T.].

o grau de consciência com relação a seu próprio estado, de que este é desespero. |163| A vida real é variada demais para só mostrar tais contradições abstratas, como essas entre um desespero que ignora completamente ser desespero e outro completamente consciente de ser desespero. No mais das vezes o estado do desesperado é, embora novamente nuançado de vários modos, uma penumbra sobre o seu próprio estado. De qualquer modo, ele tem consciência até um certo ponto de que está desesperado, o percebe em si mesmo, assim como percebe em si aquele que anda com uma doença no corpo, mas não quer reconhecer abertamente qual doença ele tem. Em um dado momento, torna-se quase claro para ele que está desesperado, mas então, no momento seguinte, é como se o seu mal-estar tivesse uma outra causa, como se estivesse em algo exterior, em algo fora dele mesmo, e que, se isso se alterasse, ele não estaria desesperado. Ou então talvez com distrações e por outras maneiras, p. ex. com trabalho e negócios como formas de distração, procura resguardar para si uma obscuridade sobre o seu estado, de modo, afinal, que não fique bem claro para ele mesmo ao fazê-lo, que o faz para se proporcionar obscuridade. Ou talvez ele ainda esteja consciente de que trabalha assim para afundar a alma na escuridão, faz isso com uma certa perspicácia e cálculo inteligente, com argúcia psicológica, mas não está, em um sentido mais profundo, claramente consciente do que está fazendo, quão desesperado é o modo como se comporta etc. Em toda obscuridade e ignorância há, enfim, uma interação dialética de conhecimento e vontade, e ao se interpretar uma pessoa pode-se errar ao acentuar apenas o conhecimento ou ao acentuar apenas a vontade.

Mas, como já observado, o nível de consciência intensifica o desespero. À medida que uma pessoa tem a noção mais verdadeira sobre o desespero, e, contudo, permanece nele, e à medida que é mais claramente consciente de si mesma como desesperada, e, contudo, permanece desesperada, na mesma medida o desespero é mais intenso. Aquele que comete suicídio, consciente de que um suicídio é desespero e, portanto, com a verdadeira noção do que seja o desespero, seu desespero é mais intenso do que o daquele que comete suicídio sem ter a verdadeira noção de que suicídio é desespero; ao contrário, sua noção menos verdadeira de suicídio constitui um desespero de menor intensidade. Por outro lado, se uma pessoa com uma consciência mais clara de si mesma (autoconsciência) comete suicídio, tanto mais intenso é o seu |164| desespero em comparação com o daquela cuja alma está, em comparação com a da primeira, em um estado confuso e obscuro.

No que segue vou agora examinar as duas formas de desespero consciente, de modo a mostrar também um aumento na consciência do que é o desespero e na consciência de que o estado de alguém é desespero ou, o que dá no mesmo e é o decisivo, um aumento na consciência do si-mesmo. Mas o contrário de estar desesperado é ter fé; portanto também está totalmente correto o que foi afirmado acima como sendo a fórmula que descreve um estado no qual não há absolutamente nada de desespero, e esta é igualmente a fórmula para a fé: ao relacionar-se a si mesmo e ao querer ser si mesmo, o si-mesmo se funda transparentemente no poder que o estabeleceu (cf. A, A.).

α) **Desesperadamente não querer ser si mesmo, desespero da fraqueza**

Se esta forma de desespero é chamada desespero da fraqueza, então nisso já está contida uma reflexão sobre a outra forma (β), desesperadamente querer ser si mesmo. São, pois, apenas opostos relativos. Não há nenhum desespero completamente isento de obstinação; de fato, já há obstinação na própria expressão: não querer ser. Por outro lado, até mesmo a mais alta obstinação do desespero nunca é completamente isenta de alguma fraqueza. A diferença, portanto, é apenas relativa. Uma forma é, por assim dizer, desespero feminino, a outra é masculino*.

---

* E se quisermos dar uma olhada na realidade do ponto de vista psicológico, encontraremos aqui ou ali ocasião para nos convencermos de que o que foi dito está corretamente pensado e que, portanto, tem de estar e de fato está correto, e que essa classificação engloba toda a realidade do desespero; pois no que diz respeito às crianças não se fala de desespero, mas apenas de irritabilidade, pois só podemos pressupor que o eterno κατα δυναμιν [em potência] está concedido à criança, mas não podemos exigi-lo da criança como podemos exigi-lo do adulto, de quem é verdadeiro que deve tê-lo. Contudo, longe de mim negar que nas mulheres possam ocorrer formas masculinas de desespero e que, inversamente, nos homens possam ocorrer formas femininas de desespero; mas tais casos são exceções. E é fácil de entender que o ideal também é algo raro; e apenas de modo puramente ideal essa diferença entre desespero masculino e feminino é completamente verdadeira. A mulher não tem nem a noção do si-mesmo egoisticamente desenvolvida, nem intelectualidade em sentido decisivo, por mais sensível e delicada que ela seja em comparação com o homem. Ao contrário, a essência da mulher é dedicação, entrega; e se não for assim, é não-feminina. É bastante estranho que ninguém possa ser tão melindrosa (e essa palavra foi mesmo cunhada pela linguagem para a mulher), quase tão cruelmente difícil de agradar como uma mulher – e, contudo, sua essência é dedicação, e (essa é a maravilha) tudo isso é exatamente a expressão de que a sua essência é dedicação. Pois justamente porque ela traz em sua essência toda a dedicação feminina, por essa razão a natureza amorosamente a dotou de um instinto cuja fineza faz com que, por comparação, a maior reflexão masculina, desenvolvida no máximo de sua eminência, seja como um nada. Essa é a dedicação da mulher, esse, para falar como os gregos, tesouro e dádiva divinos, é um bem grande demais para ser cegamente jogado fora; e, contudo, nenhuma nítida reflexão humana é capaz de ver de modo suficientemente claro para poder situá-la corretamente. Por isso a natureza se encarregou dela: instintivamente ela vê de olhos vendados mais claramente do que a reflexão mais nítida; instintivamente vê aquilo que ela deveria admirar, ou seja, a que ela deveria se entregar [*hengive sig*]. Dedicação [*Hengivenhed*] é a única coisa que a mulher tem, por isso a natureza se encarregou de ser sua guardiã. Disso segue também que a feminilidade só existe por uma metamorfose; ela vem a existir quando o melindre infinito se transforma em dedicação feminina. Mas que a dedicação seja a essência da mulher é algo que reaparece no desespero, é, outra vez, um modo do desespero. No entregar-se ela perdeu a si mesma, e somente assim é feliz, somente assim é ela mesma; uma mulher que é feliz sem entrega, isto é, sem doar seu si-mesmo, não importa a que ela se entregue, não é nem um pouco feminina. Um homem também se entrega, e aquele que não o faz é um tipo miserável; mas seu si-mesmo não é entrega (essa é a expressão para a entrega substancial feminina), e ele também não ganha seu si-mesmo pela entrega, como a mulher em outro sentido o faz, ele tem a si mesmo; ele se entrega, mas o seu si-mesmo ainda permanece como uma consciência sóbria da entrega, enquanto que a mulher se joga de maneira genuinamente feminina, joga seu si-mesmo naquilo a que se entrega. Se lhe retiram isso, então, também o seu si-mesmo se perde, e seu desespero consiste em: não querer ser si mesma. – O homem não se entrega desse modo; mas a segunda forma de desespero expressa o masculino: desesperadamente querer ser si mesmo. Até aqui no que tange à relação entre o desespero masculino e o feminino. Contudo, deve-se lembrar que aqui não se fala sobre entrega a Deus ou sobre a relação com Deus; a esse respeito se falará somente na segunda parte. Na relação com Deus, onde a diferença homem-mulher desaparece, vale tanto para o homem quanto para a mulher que a entrega constitui o si-mesmo e que por meio da entrega o si-mesmo é ganho. Isso vale igualmente para homem e mulher, embora na realidade seja mais frequente a mulher se relacionar com Deus apenas através do homem.

|165|

1) Desespero sobre o terreno[126] ou sobre algo terreno

Este é a pura imediatidade, ou imediatidade contendo em si uma reflexão quantitativa. – Aqui não há nenhuma consciência infinita do si-mesmo, do que é o desespero ou de que o seu estado é desespero; o desespero é um mero sofrer, estar submetido à pressão externa que de maneira alguma vem de dentro como ato. É por um, digamos, inocente abuso da linguagem, um brincar com as palavras, tal como as crianças brincam de soldado, que na linguagem da imediatidade surgem palavras como: o si-mesmo, desespero.

A pessoa do imediato (à medida que a imediatidade possa ocorrer na realidade sem qualquer reflexão) é determinada apenas animicamente, seu si-mesmo, e ela mesma, é algo de interior à dimensão da temporalidade e da mundanidade, |166| em conexão imediata com o outro (το ετεϱον), e tem apenas uma aparência ilusória de que houvesse algo de eterno aí. Assim o si-mesmo se liga ao outro no imediato, desejando, ansiando, desfrutando etc., mas passivamente; mesmo ao desejar, este si-mesmo tem a forma de um "objeto indireto", assim como o "mim" da criança. Sua dialética é: o agradável e o desagradável; seus conceitos: sorte, azar, destino.

Agora então algo *ocorre, sobrevém* (vir – sobre) algo a este si-mesmo imediato, que o leva ao desespero; de outro modo isso não pode acontecer aqui, já que este si-mesmo não tem em si nenhuma reflexão, aquilo que o leva ao desespero deve vir de fora, e o desespero é um mero padecer. Aquilo que para o que vive no imediato é tudo na sua vida, ou, na medida em que ele ainda tem um pouquinho de reflexão em si mesmo, aquela parte da qual ele especialmente depende lhe é arrebatada "por um golpe do destino", em resumo, ele se torna, em suas próprias palavras, |167| infeliz, ou seja, o imediato nele tomou um golpe tão grande que não consegue mais se reproduzir: ele desespera. Ou, o que se vê muito raramente na realidade, mas do ponto de vista dialético está

---

126. *Jordiske*: terreno ou terrenal, em sentido correlato a "temporal" [N.T.].

completamente em ordem, esse desespero do imediato acontece através daquilo que o que vive no imediato chama de uma sorte muito grande; a imediatidade enquanto tal é uma enorme fragilidade, e qualquer *quid nimis* [excesso] que dela exige reflexão a leva ao desespero.

Então ele desespera, ou seja, com uma peculiar inversão e numa completa mistificação sobre si mesmo ele chama isso de desesperar. Mas desesperar é perder o eterno – e sobre essa perda ele não fala, nem mesmo sonha. Perder o que é terreno, como tal, não é desespero, contudo, é sobre isso que ele fala e isso que chama desesperar. O que ele fala é, num certo sentido, verdadeiro, apenas não é verdadeiro assim, do modo como o entende; ele está em posição invertida e o que diz deve ser entendido inversamente: ele para e aponta para aquilo que não é desesperar explicando que está desesperado e, enquanto isso, o desespero acontece, por certo, às suas costas, sem que o saiba. É como se alguém virasse de costas para o tribunal e para a prefeitura e então apontasse para a sua frente dizendo: lá estão o tribunal e a prefeitura; ele tem razão, eles estão lá – desde que se vire. Ele não está desesperado – isso não é verdade – e, contudo, ele tem razão quando o declara. Mas ele se diz desesperado, considera a si mesmo como estando morto, como uma sombra de si mesmo. Morto, contudo, ele não está, ainda há, se quisermos, vida na pessoa. Se tudo de repente mudasse, toda a exterioridade, e se o desejo fosse satisfeito, então a vida lhe retornaria, então o imediato se aprumaria e ele começaria a viver uma vida com novo frescor. Mas este é o único modo que a imediatidade conhece para lutar, o único que ela conhece: desesperar e desfalecer – e, contudo, o que ela menos sabe é o que é desespero. Ela desespera e desfalece, e então fica completamente imóvel, como se estivesse morta, um truque como "se fazer de morto"; com a imediatidade as coisas são como com certas espécies inferiores de animais que não têm outra arma ou meio de defesa a não ser ficar completamente imóveis e se fazer passar por mortos.

Entretanto, o tempo passa. Ora, se chegar socorro do exterior, então a vida também volta ao desesperado, ele começa onde havia parado; um si-mesmo ele não era e num si-mesmo não se tornou, mas agora continua |168| vivendo, determinado apenas de forma imediata. Se não vier socorro da exterioridade, então frequentemente acontecerá alguma outra coisa na realidade. De qualquer modo, a vida ainda volta à pessoa, "mas nunca mais vai ser ela mesma", é o que ela diz. Agora ela ganhou um pouquinho de entendimento da vida, aprendeu a copiar as outras pessoas, como elas se comportam na vida – e é assim que ela vive também. Na Cristandade ela também é cristã, vai à igreja todo domingo, escuta e entende o pastor, sim, eles se entendem mutuamente; então ela morre; o pastor a introduz na eternidade por dez táleres – mas um si-mesmo ela não era, num si-mesmo não se tornou.

Essa forma de desespero é: desesperadamente não querer ser si mesmo [*sig selv*], ou, ainda mais baixo: desesperadamente não querer ser um si-mesmo [*et Selv*], ou, o que é o mais baixo de todos: desesperadamente preferir ser um outro ao invés de si mesmo, querer para si um novo si-mesmo. A imediatidade não tem propriamente nenhum si-mesmo, ela não conhece a si mesma, deste modo também não pode reconhecer a si mesma e, portanto, de bom grado termina em fantasias[127]. Quando a imediatidade desespera ela não tem si-mesmo suficiente nem mesmo para desejar ou sonhar que tivesse se tornado aquilo que não se tornou. O que vive no imediato então se socorre de outro modo, ele deseja ser uma outra pessoa. Facilmente nos convenceremos disso ao observarmos pessoas do imediato[128]; no momento do desespero nenhum desejo está tão próximo delas quanto este: ter se tornado uma outra pessoa ou tornar-se uma outra pessoa. Em todo o caso, nunca se pode deixar de sorrir de um tal desesperado que, humanamente falando, embora desesperado, é tão profundamente inocente. No mais das vezes um tal desesperado é infinitamente cômico. Imaginemos um si-mesmo (e depois de Deus nada há de tão eterno quanto um si-mesmo) e então que a um si-mesmo ocorresse a ideia de que poderia acontecer de se tornar um outro – que não ele mesmo. E, contudo, um tal desesperado, cujo único desejo é a mais

---

127. *det Eventyrlige*: também o maravilhoso, o fantástico, o mágico. *Eventyr* pode referir-se também a contos, como os de Andersen, p. ex. [N.T.].

128. *umiddelbare Mennesker*: pessoas do imediato ou pessoas espontâneas [N.T.].

louca de todas as loucas metamorfoses, ama a ilusão de que uma tal mudança tem de poder acontecer tão facilmente quanto trocar de casaco. Pois o que vive no imediato não conhece a si mesmo, ele se conhece, ao pé da letra, apenas pelas roupas que veste, conhece o que é ter um si-mesmo pela exterioridade (eis, outra vez, o infinitamente cômico). Não é fácil encontrar uma confusão mais ridícula do que essa, pois um si-mesmo é, de fato, infinitamente distinto da exterioridade. Quando então toda a exterioridade foi alterada para a pessoa do imediato e ela desesperou, então dá um passo adiante, ela pensa algo assim, e isso se torna seu desejo: e se eu me tornasse uma outra pessoa, se eu conseguisse para mim um novo eu mesmo? Sim, e se ela |169| se tornasse outra pessoa – então se reconheceria? Conta-se a história de um camponês que veio descalço para a capital com dinheiro suficiente para comprar para si um par de meias e um par de sapatos; entretanto, sobrou dinheiro para que ainda pudesse se embebedar – conta-se, então, que ele, bêbado e tentando encontrar o caminho de casa, caiu no meio da estrada e pegou no sono. Veio então uma carruagem e o cocheiro gritou para que ele saísse do caminho, senão passaria com a carruagem por cima de suas pernas. Acordando, o camponês, bêbado, olhou para suas pernas e, como não conseguisse reconhecê-las, por causa das meias e dos sapatos, disse: pode passar por cima, nem são as minhas pernas mesmo! Assim são as coisas com o que vive no imediato quando desespera, é impossível representá-lo verdadeiramente sem o cômico, ou seja, se eu posso colocar as coisas assim, já é uma certa proeza falar no jargão sobre um si-mesmo e sobre desespero.

Quando se supõe que a imediatidade tem alguma autorreflexão, o desespero modifica-se um pouco; surge um pouco mais de consciência do si-mesmo e, com isso, também do que seja desespero e de que o estado de alguém é desespero; já há algum sentido em que tal pessoa fale em estar desesperada: mas o desespero é essencialmente fraqueza, um sofrer; sua forma é desesperadamente não querer ser si mesma.

O progresso em comparação com a pura imediatidade logo se deixa ver em que o desespero nem sempre aparece por um golpe, por algo que ocorre, mas pode ser provocado pela autorreflexão que há nele, de modo que o desespero, quando é assim, não é um mero sofrer, um submeter-se a circunstâncias externas, mas, até certo ponto, uma atividade própria, uma ação. Aqui, de fato, há um certo grau de autorreflexão, portanto, um certo grau de ponderação sobre o seu si-mesmo; com esse certo grau de autorreflexão inicia o ato de separação com o qual o si-mesmo se torna consciente de si enquanto essencialmente diferente do mundo circundante e da exterioridade, bem como de suas influências. Mas só até um certo ponto. Quando o si-mesmo com um certo grau de autorreflexão quer assumir o seu si-mesmo, talvez ele possa encontrar alguma dificuldade na composição do si-mesmo, na necessidade do si-mesmo. Pois assim como nenhum corpo humano é perfeito, tampouco um si-mesmo. Essa dificuldade, qualquer que seja, o faz estremecer, recuando. Ou então lhe acontece algo que rompe com a imediatidade nele mais profundamente do que o fizera por sua autorreflexão; ou ainda a sua |170| fantasia [*Phantasi*] descobre uma possibilidade que, caso ocorresse, se tornaria a ruptura com a imediatidade.

Então ele desespera. Seu desespero é o da fraqueza, um sofrer do si-mesmo, em oposição ao desespero da autoafirmação; mas, com a ajuda de sua relativa autorreflexão, ele tenta, e nisso se distingue de novo da pessoa puramente imediata, preservar a si mesmo. Compreende que deixar o si-mesmo por conta própria é, afinal de contas, uma transação[129], portanto não fica apoplético quando leva aquele golpe, tal como acontece com o que vive no imediato; compreende, com auxílio da reflexão, que há muito que pode perder sem perder o si-mesmo; faz concessões, é capaz de fazê-las, e por quê? Porque até certo ponto separou o seu si-mesmo da exterioridade, pois tem uma vaga noção de que pode até haver algo de eterno no si-mesmo. Mas assim ele luta em vão; a dificuldade que encontra exige uma ruptura com toda a imediatidade, e ele não tem autorreflexão ou reflexão ética para tanto; não tem nenhuma consciência de um si-mesmo que é ganho com a infinita abstração de toda a exterioridade, este si-mesmo despido, abstrato, que, em contraste com o bem vestido si-mesmo do imediato, é

---

129. *Omsætning*: segundo comentário de *SKS* o termo tem tanto o sentido de *udveksling*, transação, troca, como também de *omkostning*, custo, despesa [N.T.].

a primeira forma do si-mesmo infinito e o fator de progressão em todo o processo pelo qual um si-mesmo assume infinitamente seu si-mesmo real, com todas as suas dificuldades e vantagens.

Portanto ele desespera e o seu desespero é: não querer ser si mesmo. Por outro lado, certamente não lhe ocorre a ridícula ideia de querer ser um outro; ele mantém a relação para com seu si-mesmo à medida que a reflexão o prendeu ao si-mesmo. A relação dele para com o si-mesmo é como pode ser a de um homem para com a sua residência (o cômico é que o si-mesmo certamente não tem uma relação tão despreocupada para consigo mesmo como a tem um homem em relação à sua residência), que ela lhe pareça repugnante por causa do cheiro de fumaça ou por qualquer outro motivo; então ele sai de casa, mas não chega a se mudar, não se estabelece em uma nova residência, continua a considerar a antiga como a sua; confia que isso logo há de passar. Assim são as coisas com o desesperado. Enquanto a dificuldade permanece ele não ousa, como se diz com especial concisão, vir a si mesmo, não quer ser si mesmo; mas isso deve passar, talvez mude, a possibilidade obscura é facilmente esquecida. Enquanto isso, apenas de vez em quando, por assim dizer, ele vem visitar a si mesmo, vem verificar se a modificação não terá começado. E assim |171| que ela tiver começado ele se muda novamente para a casa, "é novamente ele mesmo", como ele mesmo diz, mas isso quer dizer apenas que ele começa onde havia parado; era um si-mesmo só até um certo ponto e agora não se tornou mais do que isso.

Mas se não acontece nenhuma modificação, então ele se socorre de outro modo. Afasta-se completamente da direção interna, por cujo caminho deveria ter avançado para verdadeiramente tornar-se um si-mesmo. Toda a questão sobre o si-mesmo, em um sentido mais profundo, se torna uma espécie de porta falsa no fundo da sua alma, atrás da qual não há nada. Ele assume o que em sua linguagem chama seu si-mesmo, ou seja, quais talentos, capacidades etc. possam lhe ter sido dados, tudo isso ele assume em direção ao exterior, em direção à vida, como se diz, a vida real, a vida ativa; trata com muita prudência o pouquinho de autorreflexão que tem em si, ele teme que o que há no fundo venha à tona novamente. Então pouco a pouco consegue esquecer isso;

com o correr dos anos acha isso quase ridículo, especialmente quando está na boa companhia de outros homens competentes e dinâmicos que têm percepção e aptidão para a vida real. *Charmant!* [encantador]. Ele já está, como se conta nos romances, bem casado há vários anos, um homem dinâmico e empreendedor, pai e cidadão, talvez até um homem importante; em casa seus empregados lhe chamam "Vossa senhoria"; na cidade ele está entre os notáveis; sua conduta se faz com acepção de pessoas[130], ou se orienta pela aparência das pessoas, isto sim, a julgar pela reputação geral, é ser uma personalidade. Na Cristandade ele é um cristão (bem no mesmo sentido em que no paganismo ele seria um pagão e na Holanda um holandês), um dos cristãos cultos. A questão da imortalidade sempre o ocupou, e mais de uma vez perguntou ao pastor se existe uma tal imortalidade, se as pessoas de fato se reconheceriam de novo; o que certamente deve ser do maior interesse para ele, já que não tem nenhum si-mesmo.

É impossível representar verdadeiramente este tipo de desespero sem um certo toque do satírico. O cômico é que ele quer falar sobre ter estado desesperado; o terrível é que o seu estado após ter, segundo o que pensa, superado o desespero, é precisamente desespero. É infinitamente cômico que na base da sabedoria de vida tão louvada no mundo, que na base de toda profusão satânica de bons conselhos e sábias palavras – o tempo cuidará disso, aceita seu destino, esquece essas coisas – há, idealmente entendido, uma completa ignorância |172| sobre onde está propriamente o perigo e sobre o que propriamente é o perigo. Mas tal estupidez ética é novamente o terrível.

Desespero sobre o terreno ou sobre algo terreno é a forma mais comum de desespero, e especialmente sob a segunda forma, como imediatidade com uma reflexão quantitativa. Quanto mais perpassado pela reflexão o desespero se torna, tanto mais raramente ele é visto, ou tanto mais raramente ocorre no mundo. Mas isso prova que a maioria das pessoas não foi particularmente fundo no desesperar; não prova, de jeito nenhum, que elas não sejam deses-

---

130. No sentido de parcialidade, preferências pessoais. Trata-se de tema recorrente na Bíblia. P. ex.: Dt 10,17; Jó 34,19; At 10,34; Rm 2,11 [N.T.].

peradas. Há pouquíssimas pessoas que vivem, ainda que apenas em parte, sob a determinação do espírito; sim, não há muitos que sequer tentem esta vida, e, daqueles que o fazem, a maioria logo pula fora. Eles não aprenderam a temer, não aprenderam a "ter que", independente, infinitamente independente do que quer que aconteça. Por isso eles não poderiam suportar o que já lhes parece ser uma contradição, o que no modo de refletir do mundo exterior se mostra de modo muito, muito mais marcante: que se preocupar por sua alma, e querer ser espírito, no mundo parece uma perda de tempo, sim, uma irresponsável perda de tempo que, se possível, deveria ser punida pela lei civil, em todo o caso punida com desprezo e escárnio como um tipo de traição contra as pessoas, como loucura obstinada que de modo insano preenche o tempo com nada. Então chega um momento em suas vidas – ai, essa é sua melhor época – quando eles começam a tomar a direção interna. Quando se aproximam das primeiras dificuldades, desviam-se; para eles é como se esse caminho conduzisse a um deserto sombrio – *und rings umher liegt schöne grüne Weide* [e ao redor estende-se um belo e verde prado][131]. Aqui buscam refúgio, e logo se esquecem daquele seu tempo melhor, ai, e se esquecem dele como se tivesse sido mera infantilidade. Eles também são cristãos – tranquilizados pelos pastores no que diz respeito a sua salvação. Como foi dito, esse desespero é o mais comum, é tão comum que somente com ele se pode explicar a noção bastante comum na vida diária de que o desespero seria algo que pertencesse à juventude, que apenas acontece nos anos da juventude, mas que não é encontrado no homem maduro que chegou à idade do discernimento. Isso é um erro desesperado ou, mais corretamente, um engano desesperado que ignora – sim, e o que é ainda pior, ignora que aquilo que ele ignora é, de fato, quase o melhor que pode ser dito sobre as pessoas, pois com muita frequência acontece algo muito pior – ignora que a maioria das pessoas, essencialmente consideradas, propriamente nunca em toda a sua vida avançam para além daquilo que |173| eram em sua infância e juventude: imediatidade com uma pitadinha de reflexão. Não, o desespero certamente não é algo que apenas acontece com os jovens, algo que se deixa para

---

131. GOETHE. *Fausto*, primeira parte, verso 1833 [N.T.].

trás naturalmente – "assim como se deixa para trás as ilusões". Mas isso não é o que se faz, mesmo que se seja bastante tolo para crer que é assim. Ao contrário, muito frequentemente se pode topar com homens, mulheres e pessoas idosas que têm ilusões tão pueris quanto as de gente jovem. Mas se desconsidera que a ilusão tem essencialmente duas formas: a da esperança e a da recordação. A juventude tem a ilusão da esperança, quem é mais velho tem a ilusão da recordação, mas justamente porque está na ilusão ele tem também uma noção completamente unilateral sobre a ilusão, a de que ela é apenas ilusão da esperança. E é compreensível que quem é mais velho não seja importunado pela ilusão da esperança, mas, por outro lado, é importunado, entre outras, também por esta estranha ilusão: a de, a partir de um ponto de vista aparentemente superior e sem ilusão, olhar para baixo, para a ilusão da juventude. O jovem está na ilusão, ele espera o extraordinário tanto da vida quanto de si mesmo; por outro lado, com a pessoa mais velha frequentemente se encontra uma ilusão sobre o modo como recorda a sua juventude. Uma mulher mais velha que agora supostamente abandonou toda ilusão, com frequência se mostra tão fantasticamente na ilusão quanto qualquer jovem menina com relação a como a mulher recorda de si mesma como jovem, quão feliz ela fora naqueles tempos, quão bela etc. Este *fuimus* [fomos][132], que tão frequentemente se ouve dos mais velhos, é uma ilusão tão grande quanto a ilusão que os jovens têm do futuro; ambos estão ou mentindo ou poetizando.

Mas o engano de que o desespero pertença somente à juventude é desesperado de um modo bem diferente. Em geral é uma grande estupidez, e é apenas falta de entendimento do que seja espírito – e, além disso, a incompreensão de que o ser humano é espírito, não apenas uma criatura animal – pensar que as coisas deveriam ser tão fáceis no que diz respeito a fé e sabedoria que, sem mais nem menos, elas realmente surgiriam com o passar dos anos assim como dentes, barba e coisas semelhantes. Não, o que quer que um ser humano alcance sem mais nem menos ou o que quer que surja sem mais nem menos, fé e sabedoria definitivamente não estão en-

---

132. Possível referência a VIRGÍLIO. *Eneida*, Livro II, verso 325 [N.T.].

tre tais coisas. Mas a questão é que com o passar dos anos, do ponto de vista espiritual, um ser humano não chega a nada sem mais nem menos, esta categoria é a pior contradição para com o espírito; ao contrário muito facilmente com o passar dos anos se deixa algo para trás sem mais nem menos. E com o passar dos anos talvez se abandone o pouco de paixão, sentimento, fantasia, o pouco de interioridade que se tinha, e se chegue sem mais nem menos a um entendimento de vida sob a determinação da trivialidade (pois esse tipo de coisa surge sem mais nem menos). Esta condição melhorada, que certamente veio com o passar |174| dos anos, ele agora desesperadamente considera como um bem, facilmente se convence de que (e num certo sentido satírico nada é mais certo) nunca poderia lhe acontecer de desesperar – não, ele assegurou-se, está desesperado, a-espiritualmente desesperado. Pois eu gostaria de saber por que Sócrates amava os jovens senão porque ele conhecia o ser humano!

E se ao longo dos anos não acontece de uma pessoa cair na forma mais trivial de desespero, disso não segue, de jeito nenhum, que o desespero devesse pertencer somente à juventude. Se uma pessoa efetivamente se desenvolve ao longo dos anos, se ela amadurece na consciência essencial do si-mesmo, então talvez possa se desesperar em uma forma superior. E se ela não se desenvolve essencialmente ao longo dos anos, mesmo que não afunde completamente no trivial – ou seja, se continua mais ou menos como uma pessoa jovem, um homem jovem, embora sendo pai de família e grisalho e, portanto, preservando algo de bom da juventude – então ele também estará, tanto quanto um jovem, sujeito a desesperar sobre o terreno ou sobre algo terreno.

Pode muito bem haver uma diferença entre o desespero de uma pessoa mais velha e o de um jovem, mas não é uma diferença essencial e sim mera casualidade. O jovem desespera sobre o futuro como um presente *in futuro* [no futuro]; há algo de futuro que ele não quer assumir, e, portanto, ele não quer ser si mesmo. A pessoa mais velha desespera sobre o passado como um presente *in prœterito* [no passado] que não quer se tornar cada vez mais passado – pois ela não é assim tão desesperada que tenha conseguido esquecê-lo completamente. Esse passado talvez até seja algo com o qual o arrependimento propriamente deveria ocupar-se. Mas se o arrependimento devesse surgir, então primeiramente deveria haver um desespero total, desespero radical, de modo que a vida do espírito pudesse irromper a partir do fundamento. Mas, desesperada assim como ela é, não ousa deixar as coisas chegarem a uma tal decisão. Então ela fica parada ali e o tempo passa – mas a menos que, ainda mais desesperada, consiga saná-lo [*hele*] com a ajuda do esquecimento, então em vez de se tornar uma pessoa arrependida, ela se torna o seu próprio cúmplice [*Hæler*]. Mas essencialmente um tal desespero, seja de um jovem, seja de uma pessoa mais velha, permanece o mesmo, ele não chega a nenhuma metamorfose na qual irrompe a consciência do eterno no si-mesmo de modo que pudesse começar a luta que ou intensifica o desespero para uma forma ainda mais elevada ou conduz à fé.

Mas não existe então uma diferença essencial entre as duas expressões usadas até aqui como idênticas: desesperar sobre o terreno (categoria da |175| totalidade) e desesperar sobre algo terreno (o particular)? De fato, existe. Quando o si-mesmo desespera em fantasia com paixão infinita sobre algo terreno a paixão infinita transforma isso que é particular, esse algo, no terreno *in toto* [como totalidade], ou seja, a categoria da totalidade está no e pertence ao desesperado. O terreno e o temporal enquanto tais são precisamente aquilo que se desintegra em algo, em algo particular. É impossível realmente perder ou ser privado de todo o terreno, pois a determinação da totalidade é uma determinação do pensamento. Então o si-mesmo primeiro aumenta infinitamente a perda real e então desespera sobre o terreno *in toto*. Mas tão logo essa diferença (entre desesperar sobre o terreno e sobre algo terreno) deva ser essencialmente mantida, então também se dá um avanço essencial na consciência do si-mesmo. Esta forma, desesperar sobre o terreno, é, então, uma primeira expressão dialética para a próxima forma de desespero.

2) Desespero do Eterno ou sobre si mesmo

Desespero sobre o terreno ou sobre algo terreno de fato também é desespero do Eterno e sobre si mesmo, na medida em que ele é desespero, pois esta última é de fato a fórmula para todo desespero*.

Mas o desesperado, assim como foi descrito acima, não estava ciente |176| do que, por assim dizer, acontece por trás dele; ele pensa que desespera sobre algo terreno e constantemente fala daquilo sobre o que desespera, e, no entanto, ele desespera do Eterno; pois o fato de que atribua ao que é terreno um valor tão grande, ou, indo mais longe, que atribua a algo terreno um valor tão grande, ou que primeiro transforme algo terreno em todo o terreno e, então, atribua ao que é terreno um valor tão grande, isso é precisamente desesperar do Eterno.

Este desespero é agora um avanço considerável. Se o anterior era desespero *da fraqueza* então este é: *desespero sobre sua fraqueza*, enquanto ainda permanece dentro da determinação essencial: desespero da fraqueza, enquanto diferente de β (obstinação). Esta é, portanto, apenas uma diferença relativa. Ou seja, a forma anterior tem a consciência da fraqueza como sua consciência final, ao passo que aqui a consciência não para nisso, mas se intensifica para uma nova consciência, a de sua fraqueza. O próprio desesperado compreende que é fraqueza levar tão a peito o terreno, que é fraqueza desesperar. Mas, agora, ao invés de definitivamente dar as costas para o desespero, voltando-se para a fé, humilhando-se diante de Deus sob sua fraqueza, ele se afunda no desespero e

---

* E por isso está linguisticamente correto dizer: desesperar *sobre* o terreno (a ocasião), *do* eterno, mas *sobre* si mesmo, pois esta é, por sua vez, uma outra expressão da ocasião para o desespero que, segundo o conceito, é sempre *do* Eterno, enquanto que aquilo *sobre* o que se desespera pode ser a coisa mais diferente. Desesperamos *sobre* aquilo que nos prende no desespero: sobre o próprio infortúnio, sobre o terreno, sobre a perda do patrimônio etc.; mas *de* algo, que, corretamente entendido, nos livra do desespero: do Eterno, da salvação, da própria força etc. Com relação ao si-mesmo dizemos de ambos os modos: desesperar *sobre* e *de* si mesmo, pois o si-mesmo é duplamente dialético. E isso é o que há de obscuro, especialmente em todas as formas mais inferiores de desespero e quase que em cada pessoa desesperada, que ela tão apaixonada e claramente percebe e sabe *sobre* o que desespera, mas, *de que* [hvorom] desespera é algo que lhe passa despercebido. A condição para a cura é sempre essa *conversão* [Omvendelse]; e de modo puramente filosófico poderia ser uma questão sutil a de se é possível que uma pessoa esteja desesperada com plena consciência daquilo de que ela desespera.

desespera sobre sua fraqueza. Com isso todo o seu ponto de vista se redireciona, ele se torna agora mais claramente consciente de seu desespero, de que desespera do Eterno, desespera sobre si mesmo, de que ele pôde ser tão fraco a ponto de atribuir ao terreno tão grande importância, o que agora se torna para ele, desesperado, a expressão de que perdera o Eterno e a si mesmo.

Aqui está o aumento. Primeiro na consciência do si-mesmo; pois é impossível desesperar do Eterno sem ter uma noção do si-mesmo, de que há algo eterno nele ou de que tenha havido algo eterno nele. E se alguém vai desesperar sobre si mesmo, então ele também deve estar consciente de ter um si-mesmo; e, contudo, é sobre isso que desespera, não sobre o terreno ou sobre algo terreno, mas sobre si mesmo. Além do mais, há aqui uma maior consciência do que é desespero, pois desespero é, bem corretamente, ter perdido o Eterno e a si mesmo. Certamente há também uma maior consciência de que o estado de alguém é desespero. Além disso, o desespero não é aqui apenas algo passivo[133], mas uma ação. Pois quando o que é terreno é tirado do si-mesmo e ele desespera, então é como se o desespero viesse de fora, embora ele sempre venha do si-mesmo; mas quando o si-mesmo desespera sobre este seu desespero, então surge do si-mesmo este novo desespero, surge indireta-diretamente do si-mesmo como contrapressão (reação), e nisso é diferente da obstinação, a qual vem |177| diretamente do si-mesmo. Finalmente também há aqui, embora em um outro sentido, ainda um avanço. Pois justamente porque este desespero é mais intenso, em um certo sentido ele está mais perto da salvação. Um tal desespero dificilmente é esquecido, ele é profundo demais; mas a cada instante em que o desespero permanece aberto existe também a possibilidade da salvação.

Todavia este desespero remonta, de qualquer modo, à forma: desesperadamente não querer ser si mesmo. Assim como quando um pai deserda um filho, assim também o si-mesmo não quer reconhecer a si mesmo depois de ter sido tão fraco. Em desespero ele não pode esquecer essa fraqueza, de certo modo ele odeia a si mesmo, ele não quer se humilhar, crente, sob sua fraqueza para assim reaver

---

133. *en Liden*: algo passivo, um sofrer [N.T.].

a si mesmo, não, desesperadamente ele não quer, por assim dizer, ouvir nada sobre si mesmo, não sabe dizer nada sobre si mesmo. Mas ser ajudado pelo esquecimento é algo que nem se discute, tampouco com a ajuda do esquecimento buscar subterfúgio na determinação da a-espiritualidade e assim ser um homem e um cristão como outros homens e cristãos; não, o si-mesmo é si-mesmo demais para isso. Como frequentemente é o caso do pai que deserdou o filho: o fato exterior ajudava muito pouco, com isso não se livrou de seu filho, e muito menos de pensar nele; assim como tão frequentemente é o caso com relação à maldição de um amante para com a pessoa que odeia (i. e. para com a pessoa amada): isso não ajuda muito e quase o aprisiona ainda mais – assim também são as coisas com o si-mesmo desesperado para consigo mesmo.

Este desespero é qualitativamente de um nível mais profundo em relação ao anterior e pertence ao tipo de desespero que mais raramente acontece no mundo. Aquela falsa porta, da qual se falou anteriormente, atrás da qual não havia nada, é aqui uma porta real, mas uma porta fechada com muito cuidado, e atrás dela o si-mesmo está sentado, por assim dizer, e vigia a si mesmo, ocupado ou preenchendo o tempo com não querer ser si mesmo, e, contudo, suficientemente si-mesmo para amar a si mesmo. Isso se chama fechamento hermético[134]. E de agora em diante discutiremos o fechamento hermético, que é exatamente o contrário da imediatidade, e que, entre outras coisas, tem por ela, do ponto de vista do pensamento, um grande desprezo.

Mas não existe então um si-mesmo como esse na realidade, terá ele fugido da realidade para o deserto, para o mosteiro, para o hospício? Não será ele uma pessoa real que se veste como as outras, usando um sobretudo comum? Sim, mas é claro! Por que não? Mas ele não inicia ninguém nessa questão do si-mesmo, nenhuma alma, ele não sente nenhuma necessidade em fazê-lo, ou então ele aprendeu a controlá-la; apenas escute o que ele mes-

---

134. *Indesluttethed.* Fechamento hermético ou hermetismo. Esse tema é desenvolvido em KIERKEGAARD, S.A. *O conceito de angústia.* Trad. de Álvaro L.M. Valls. Petrópolis: Vozes, 2010, caput IV, § 2 [Angústia diante do bem (o demoníaco)], esp. p. 126-144 (*SKS* 4, p. 420-437) [N.T.].

mo diz a respeito. "Aliás, são |178| apenas as pessoas puramente imediatas – que sob a determinação do espírito estão mais ou menos no mesmo nível que as crianças na primeira parte da primeira infância, quando com uma desinibição totalmente amável deixam tudo escapar – são apenas as pessoas puramente imediatas as que não conseguem reter nada. É esse tipo de imediatidade que frequentemente com grande pretensão se refere a si mesma como 'verdade, ser verdadeiro, uma pessoa verdadeira e bem como se é', que é exatamente tão verdadeira assim como é não-verdadeiro quando um adulto cede tão logo sente um impulso corporal. Qualquer si-mesmo que tenha apenas um pouquinho de reflexão já tem uma noção sobre como constranger o si-mesmo." E nosso desesperado tem suficiente fechamento hermético para poder manter qualquer intruso – ou seja, qualquer um – longe do seu si-mesmo, ao passo que exteriormente ele parece totalmente "um verdadeiro ser humano". Ele é um homem estudado, marido, pai, até mesmo um oficial de destacada competência, um pai respeitável, companhia agradável, muito gentil com sua esposa, o próprio esmero para com suas crianças. E cristão? – bem, digamos que sim, ele também é cristão, contudo, prefere evitar o assunto, embora de bom grado e com uma certa alegria melancólica veja que sua esposa se ocupa com assuntos religiosos[135] para a própria edificação; ele vai muito raramente à igreja, pois lhe parece que a maioria dos pastores propriamente não sabe do que está falando. Faz uma exceção com relação a um único pastor, com relação ao qual admite que sabe do que está falando; mas não deseja ouvi-lo por um outro motivo, já que teme que poderia ser levado longe demais. Por outro lado, não é raro que deseje a solidão, que para ele é uma necessidade vital, algumas vezes assim como a necessidade de respirar, outras vezes assim como a necessidade de dormir. Que ele tenha essa necessidade vital mais do que a maioria das pessoas, é também um sinal de que tem uma natureza mais profunda. Em geral, o desejo pela solidão é um sinal de que ainda há espírito em uma pessoa e a medida de que espírito há. "Pessoas bem banais, inumanas[136] e gregárias" não sentem qualquer desejo de solidão, a tal pon-

---

135. *det Gudelige*: o que diz respeito à relação com Deus [N.T.].

136. *U-Mennesker*: Lit. não-humanos, no sentido de pessoas sem espírito [N.T.].

to que, assim como os pequenos pássaros de bando, imediatamente morreriam se tivessem que ficar um único instante sozinhas; assim como a pequena criança precisa ser ninada para dormir, assim também essas pessoas precisam do tranquilizador ninar da sociedade para poder comer, beber, dormir, orar, apaixonar-se etc. Mas tanto na Antiguidade quanto na Idade Média as pessoas estavam atentas a esse desejo pela solidão, tinham respeito pelo que isso significa; na constante socialidade do nosso tempo se estremece diante da |179| solidão a ponto de (oh, magnífico epigrama!) não se conhecer outro uso para esta, a não ser como punição para criminosos. Contudo, é verdade que em nosso tempo é um crime ter espírito, então está completamente em ordem que tais pessoas, amantes da solidão, sejam classificadas com criminosos.

O desesperado no fechamento hermético vai vivendo *horis succesivis* [hora após hora], em horas que, embora não sejam vividas para a eternidade[137], contudo têm algo a ver com o Eterno e são ocupadas com a relação do si-mesmo para consigo mesmo; mas ele realmente não vai além disso. Quando então isso está feito, quando está satisfeito o desejo da solidão, então ele sai, por assim dizer – mesmo quando entra em casa, onde estão sua esposa e seus filhos, ou quando se envolve com eles. Isso que, como marido o torna tão gentil e como pai tão cuidadoso é, afora sua docilidade natural e seu senso de dever, a confissão que ele fez a si mesmo, no seu fechamento mais interno, com relação a sua fraqueza.

Se fosse possível a alguém tornar-se confidente de seu fechamento hermético e se, então, quisesse dizer-lhe: isso é certamente orgulho, tu estás realmente orgulhoso de ti mesmo, então ele dificilmente faria a confissão a outra pessoa. Quando ficasse só consigo mesmo ele confessaria que havia de fato algo aí, mas a passionalidade com a qual o seu si-mesmo tinha captado sua fraqueza logo o faria crer novamente que seria impossível tratar-se de orgulho, já que era justamente sobre sua fraqueza que havia desesperado – como se não fosse o orgulho que tivesse colocado um peso tão grande sobre a fraqueza, como se não fosse porque

---

137. Alusão ao título da obra edificante *Stunden für die Ewigkeit gelebt* [Horas vividas para a eternidade] (Berlim, 1791-1792), de Christian Friedrich Sintenis (1750-1820), com tradução para o dinamarquês datada de 1795 [N.T.].

quisesse estar orgulhoso do seu si-mesmo que não podia suportar essa consciência da fraqueza. – Se alguém quisesse lhe dizer, "isso é uma estranha confusão, um estranho tipo de nó; pois todo o infortúnio está exatamente no modo como o pensamento se enrola; por outro lado é até mesmo normal, é exatamente por este caminho que deves, que deves pelo desespero do si-mesmo chegar ao si-mesmo. Com relação à fraqueza está tudo muito certo, mas não é sobre isso que deves te desesperar; o si-mesmo deve ser quebrado para tornar-se si mesmo, apenas deixe de desesperar sobre isso" – se alguém quisesse falar-lhe assim, então ele entenderia isso em um momento desapaixonado, mas logo a paixão veria equivocadamente de novo, e mais uma vez ele faria um movimento errado, em direção ao desespero.

Como dito anteriormente, um tal desespero é muito raro no mundo. Se agora ele não fica parado naquele ponto, apenas marcando passo; e se, por outro lado, não acontece uma reviravolta com o desesperado de modo que chegue ao caminho certo para a fé, então um |180| tal desespero ou se intensificará até uma forma mais elevada de desespero e continuará sendo fechamento hermético ou então romperá e destruirá o traje exterior no qual um tal desesperado tem vivido como em um incógnito. Neste último caso um tal desesperado então se lançará na vida, talvez na diversão de grandes empreendimentos, se tornará um espírito agitado cuja vida certamente deixa sua marca, um espírito agitado que quer esquecer, e quando o ruído interno se torna forte demais há que reforçar os meios, embora de outra sorte do que aqueles que Ricardo III usava para não escutar as maldições de sua mãe[138]. Ou ele procurará esquecimento na sensualidade, talvez na vida dissoluta; desesperadamente ele quer voltar para o imediato, mas sempre com consciência do si-mesmo que não quer ser. No primeiro caso, quando o desespero é intensificado, se torna obstinação, e agora se torna claro quanta inverdade havia na questão da fraqueza, torna-se claro quão dialeticamente correto está que a primeira expressão da obstinação é justamente desespero sobre sua fraqueza.

---

138. SHAKESPEARE. *Ricardo III*, Ato IV, Cena IV, quando Ricardo recorre ao toque de tambores para não escutar as maldições de sua mãe [N.T.].

Entretanto, por fim vamos dar mais uma olhada na pessoa do fechamento hermético que, no seu hermetismo, fica marcando passo. Se esse hermetismo é absolutamente mantido, *omnibus numeris absoluta* [absolutamente sob todos os aspectos], então o suicídio se torna seu perigo mais próximo. A maioria das pessoas naturalmente nem sequer suspeita do que tal pessoa hermética é capaz de suportar; e se chegassem a saber, ficariam surpresas. O perigo para a pessoa absolutamente hermética, então, é o suicídio. Por outro lado, se ela fala com alguém, se se abre para uma única pessoa, então é bem provável que fique tão descontraída, ou que a tensão diminua tanto que o suicídio não venha a resultar do hermetismo. Tal fechamento hermético com um confidente é um tom inteiro mais suave do que aquele do absoluto. Então provavelmente ela evitará o suicídio. Entretanto, pode acontecer que, justamente por ter se aberto para um outro, desespere sobre isso, porque sente que deveria ter ido infinitamente mais longe, persistindo no silêncio ao invés de ter tido um confidente. Há exemplos disso, de que uma pessoa do hermetismo tenha justamente chegado ao desespero por ter encontrado um confidente. Nesse caso a consequência ainda pode ser o suicídio. Poeticamente a catástrofe (supondo *poetice* [poeticamente] que o personagem fosse, p. ex., rei ou imperador) também poderia ser constituída de modo que ele tenha matado o confidente. Poderíamos imaginar um certo tirano demoníaco que sentisse o desejo de falar do seu tormento com |181| alguém e que sucessivamente consumisse um grande número de pessoas; pois tornar-se seu confidente seria morte certa: assim que o tirano terminasse de falar à pessoa, ela seria morta. – Seria uma tarefa para um poeta expor esta solução para a autocontradição agonizante em um tipo demoníaco: não conseguir ficar sem um confidente e não conseguir ter um confidente.

β) O desespero de desesperadamente querer ser si mesmo, obstinação

Como foi mostrado que o desespero em α poderia ser chamado desespero feminino, assim também se pode chamar esse desespero de masculino. Portanto, ele também está em relação com o anterior: o desespero visto sob a determinação do espírito. Mas deste modo o masculino também pertence essencialmente à determinação do espírito, ao passo que o feminino é uma síntese inferior.

O desespero descrito sob α 2) era sobre a própria fraqueza; o desesperado não quer ser si mesmo. Mas caso se avance um único passo dialético então o desesperado chega à consciência de por que ele não quer ser si mesmo, então há uma mudança, então há a obstinação, e este é o caso justamente porque ele desesperadamente quer ser si mesmo.

Primeiro vem o desespero sobre o terreno ou sobre algo terreno, então desespero do eterno, sobre si mesmo. Então vem a obstinação, que é propriamente desespero com ajuda do eterno, o desesperado abuso do eterno, que está no si-mesmo, para desesperadamente querer ser si mesmo. Mas, precisamente porque é desespero com ajuda do eterno, num certo sentido ele está muito próximo da verdade[139]; e precisamente porque está muito próximo da verdade, ele está infinitamente distante. O desespero que é a passagem para a fé, também tem o auxílio do eterno; com o auxílio do eterno o si-mesmo tem a coragem de perder-se a si mesmo para ganhar a si mesmo[140]; aqui, ao contrário, ele não quer começar por perder a si mesmo, mas quer ser si mesmo.

Nessa forma de desespero há agora um aumento na consciência do si-mesmo e, portanto, uma maior consciência do que o desespero é, e que o estado de alguém é desespero; aqui o desespero é consciente de si mesmo como um ato, ele não vem de fora como um sofrer [*Liden*] sob a pressão da exterioridade, ele vem diretamente do si-mesmo. E assim, a obstinação, comparada com o desespero sobre a própria fraqueza, é mesmo uma nova qualificação.

|182| Para desesperadamente querer ser si mesmo deve haver consciência de um si-mesmo infinito. Este si-mesmo infinito, contudo, é propriamente apenas a forma mais abstrata, a possibilidade mais abstrata do si-mesmo. E é este si-mesmo que ele quer

---

139. *det Sande*: literalmente, o verdadeiro, em forma substantivada. A mesma construção se repete na oração seguinte [N.T.].

140. Alusão a uma ideia recorrente nos evangelhos. Cf. Mt 10,39; 16,25; Mc 8,35; Lc 9,24; 17,33; Jo 12,25 [N.T.].

desesperadamente ser, o si-mesmo que vai rompendo cada relação para com um poder que o estabeleceu ou que vai rompendo com a noção de que existe um tal poder. Com a ajuda dessa forma infinita o si-mesmo quer desesperadamente comandar a si mesmo ou criar a si mesmo, fazer do seu si-mesmo o si-mesmo que ele quer ser, determinar o que quer ter e o que não quer ter em seu si-mesmo concreto. Seu si-mesmo concreto ou sua concreção tem certamente necessidade e limites, é isto que há de bem determinado, com essas capacidades, aptidões etc. na concreção dessas relações etc. Mas com a ajuda da forma infinita, o si-mesmo negativo, ele quer primeiro assumir a transformação de tudo isso para, a partir daí, encontrar um si-mesmo como ele quer, produzido com ajuda da forma infinita do si-mesmo negativo – e assim ele quer ser si mesmo. Ou seja, ele quer começar um pouquinho antes do que outras pessoas, não pelo e com o princípio, mas "no princípio"[141]; não quer vestir seu próprio si-mesmo, não quer ver sua tarefa nesse si-mesmo que lhe foi dado, ele quer, sendo a forma infinita, construir ele mesmo o seu si-mesmo.

Se quiséssemos atribuir um nome genérico a este desespero poderíamos chamá-lo de estoicismo, mas de modo que não se pense apenas naquela seita. E para elucidar esse tipo de desespero mais precisamente é melhor diferenciar entre um si-mesmo ativo e um si-mesmo passivo, e então mostrar como o si-mesmo, quando é ativo, se relaciona a si mesmo, e como o si-mesmo, quando é passivo, em sua passividade se relaciona a si mesmo, e assim mostrar que a fórmula sempre é: desesperadamente querer ser si mesmo.

Se o si-mesmo desesperado é um si-mesmo *ativo*, ele propriamente se relaciona a si mesmo sempre apenas de modo experimental, não importa o que faça, quão grande, quão espantoso, com que perseverança. Ele não reconhece nenhum poder sobre si, por isso carece, em última análise, de seriedade, e consegue apenas suscitar magicamente uma aparência de seriedade, quando o si-mesmo dá a seus experimentos sua mais alta atenção. Esta então é uma seriedade simulada; assim como o fogo que Prometeu roubou dos deuses – assim também isso é roubar de Deus o

---

141. Alusão a Gn 1,1 e a Jo 1,1 [N.T.].

pensamento, que é a seriedade, de que Deus cuida de alguém; ao invés disso, o si-mesmo desesperado se contenta em cuidar de si mesmo, o que agora conferirá o interesse e o significado infinitos ao seu empreendimento, enquanto que é justamente isso que os faz serem experimentos. Pois mesmo que este si-mesmo |183| não vá tão longe no desespero, a ponto de se tornar um deus experimentador[142], nenhum si-mesmo derivado pode, ao cuidar de si mesmo, dar a si mesmo mais do que ele mesmo é; contudo, ele permanece o si-mesmo do princípio ao fim, na sua autoduplicação ele não se torna nem mais nem menos do que o si-mesmo. Enquanto o si-mesmo, em seu esforço desesperado para querer ser si mesmo, trabalha para o lado oposto, ele não se torna propriamente nenhum si-mesmo. Em toda a dialética no interior da qual age não há nada firme; o que o si-mesmo é não fica firme em nenhum momento, isto é, eternamente firme. A forma negativa do si-mesmo exerce tanto um poder de ligar quanto um poder de desligar[143]; a cada momento ela pode começar novamente de modo completamente arbitrário, e não importa o quão longe um pensamento seja perseguido, toda a ação está colocada dentro de uma hipótese. O si-mesmo está tão longe de conseguir se tornar cada vez mais si mesmo que se torna cada vez mais claro que ele é um si-mesmo hipotético. O si-mesmo é o seu próprio senhor, absolutamente seu próprio senhor, como se diz, e precisamente isso é desespero, mas também o que ele considera seu prazer, seu deleite. Com um exame mais aproximado, contudo, a gente facilmente se certifica de que este soberano é um monarca sem reino, ele não reina propriamente sobre nada; sua posição, seu domínio, está sujeito à dialética de que a cada momento a rebelião é a legitimidade. Ao fim e ao cabo isso se baseia arbitrariamente no próprio si-mesmo.

Consequentemente o si-mesmo desesperado com frequência constrói castelos no ar e frequentemente luta apenas desferindo golpes no ar[144]. Ele parece brilhante com todas essas virtudes de

---

142. *en experimenteret Gud* [N.T.].
143. Alusão a Mt 16,19 [N.T.].
144. Alusão a 1Cor 9,26 [N.T.].

experimentação[145]; por um momento elas encantam, assim como a poesia oriental; um tal autocontrole, uma tal imperturbabilidade, uma tal ataraxia etc., é algo próximo do fabuloso. Sim, ele de fato é assim, e a base para tudo isso é nada. O si-mesmo quer desfrutar desesperadamente toda a satisfação de realizar a si mesmo, de desenvolver a si mesmo, de ser si mesmo; ele quer ter a honra deste projeto poético, magistral, no modo como entendeu a si mesmo. E, contudo, o que ele entendeu por si mesmo é, afinal de contas, um enigma; no exato momento em que parece que está mais próximo do que nunca de acabar o edifício, ele pode arbitrariamente reduzir tudo a nada.

Se o si-mesmo desesperado é *passivo*, todavia o desespero é: desesperadamente querer ser si mesmo. Talvez um tal si-mesmo experimentador[146] que desesperadamente quer ser si mesmo encontre uma ou outra dificuldade ao provisoriamente se orientar em seu si-mesmo concreto, algo que o |184| cristão chamaria de cruz, um dano fundamental, o que quer que fosse. O si-mesmo negativo, a forma infinita do si-mesmo, talvez primeiro rejeite isso completamente, faça como se isso não existisse, não queira saber nada disso. Mas isso não acontece, tanto assim não consegue esticar a sua habilidade de experimentação, tampouco consegue esticar tanto a sua habilidade de abstrair; de modo prometeico o si-mesmo negativo, infinito, se sente pregado a essa servidão. Portanto ele é aqui um si-mesmo passivo. Como, então, se mostra o desespero que é desesperadamente querer ser si mesmo?

Vê, anteriormente foi apresentada a forma de desespero: desesperar sobre o terreno ou sobre algo terreno, entendida de modo que no fundo ela é, e também se mostra como, desesperar do eterno, i. e.: não querer se deixar confortar e curar pelo eterno, superestimando o terreno de modo que o eterno não possa ser nenhum conforto. Mas também é uma forma de desespero não querer esperar na possibilidade de que uma necessidade terrena, uma cruz temporal, possa ser eliminada. Isso é o que esse desespero, que

---

145. *experimenterede Dyder*, no sentido das virtudes que são apenas imaginadas. Howard e Edna Hong traduzem *imaginatively constructed virtues* [N.T.].

146. *experimenterende Selv* [N.T.].

desesperadamente quer ser si mesmo, não quer fazer. Ele se convenceu de que esse espinho na carne[147] (que ou é realmente assim ou então sua paixão faz com que seja assim para ele) cala tão fundo que não pode abstrair-se dele*, então ele quer assumi-lo eternamente, por assim dizer. Então ele se escandaliza desse espinho na carne, ou melhor, o toma como ocasião para se escandalizar de toda existência; então, não obstante, ele quer ser si mesmo, não que apesar do espinho na carne queira ser si | 185 | mesmo sem o espinho (isso seria de fato abstrair do espinho, e isso ele não pode fazer, ou isso é o movimento na direção da resignação), não, apesar de ou em obstinação a toda a existência ele quer ser si mesmo com o espinho na carne, levá-lo consigo, quase insistindo orgulhosamente no próprio tormento. Pois esperar a possibilidade de auxílio, especialmente na força do absurdo, de que para Deus tudo é possível, não, isso ele não quer. E procurar auxílio em um outro, não, isso ele não quer por nada no mundo, se é para ser assim, então ele prefere ser si mesmo com todas as agonias do inferno a procurar auxílio.

E em verdade não é assim tão completamente verdadeiro aquilo que se diz, "que é natural que quem sofre queira de bom grado ser auxiliado desde que alguém possa auxiliar" – isso está longe de ser assim, mesmo que os exemplos contrários nem sempre sejam tão desesperados como este. A questão é esta. Uma pessoa que sofre tem um ou vários modos pelos quais poderia querer

---

147. Alusão a 2Cor 12,7-9 [N.T.].

* Além disso, vale lembrar que aqui, deste ponto de vista se vê que muito do que no mundo se apresenta sob o nome de resignação é um tipo de desespero, qual seja, desesperadamente querer ser seu si-mesmo abstrato, desesperadamente querer ter em si eternidade o bastante e, com isso, poder obstinar-se contra ou ignorar o sofrimento no terreno e no temporal. A dialética da resignação é propriamente esta: querer ser seu próprio si-mesmo eterno e então, quando em relação a alguma coisa específica, na qual o si-mesmo sofre, não querer ser si mesmo, consolando-se com o pensamento de que esse sofrimento pode desaparecer no eterno e, portanto, sentindo-se justificado por não assumir o sofrimento na temporalidade; embora sofrendo, o si-mesmo não fará a confissão de que esse sofrimento pertence ao si-mesmo, ou seja, o si-mesmo não se humilhará nisso em fé. A resignação vista como desespero é então essencialmente diferente de desesperadamente não querer ser si mesmo, pois ela quer desesperadamente ser si mesma, mas com exclusão de algo específico, com relação a que ela desesperadamente não quer ser si mesma.

ser auxiliada. Se ela é auxiliada por esses modos, então fica feliz de ser auxiliada. Mas quando a questão de ser auxiliada se torna séria num sentido mais profundo, especialmente quando se trata de ser auxiliada por alguém mais elevado, ou pelo mais elevado de todos – essa humilhação de dever aceitar incondicionalmente o auxílio, sob qualquer forma, torna-se como um nada nas mãos do "auxiliador", para quem tudo é possível, ou então apenas ter de curvar-se diante de uma outra pessoa, ter de renunciar ser si mesmo enquanto procura o auxílio: Oh, há certamente muito e mesmo prolongado e agonizante sofrimento, mas no qual o si-mesmo não se lamenta assim, o que no fundo prefere, junto com a retenção de ser si mesmo.

Mas quanto mais consciência há em um tal sofredor, que desesperadamente quer ser si mesmo, tanto mais o seu desespero se intensifica e se torna o demoníaco. A sua origem é normalmente esta. Um si-mesmo que desesperadamente quer ser si mesmo se lamenta por uma ou outra aflição que não se deixa ser tirada ou separada do seu si-mesmo concreto. Então ele lança toda a sua paixão justamente sobre esse tormento, que finalmente se torna uma ira demoníaca. E se agora acontecesse que até mesmo Deus no céu e todos os anjos lhe oferecessem ajuda para livrar-se disso, não, agora ele não quer, agora é tarde demais, há algum tempo ele teria alegremente dado tudo para ser liberto desse tormento, mas ele ficou esperando, e agora não adianta mais, agora, agora ele prefere se irar contra tudo e ser a vítima do mundo inteiro, da existência, e é muito importante para ele estar bem atento ao fato de que tem o seu tormento na mão e que ninguém o tira dele – pois de outro modo ele não conseguiria demonstrar e provar a si mesmo que tem razão. Finalmente isso se lhe torna uma tal ideia fixa |186| a tal ponto que, por um motivo muito próprio ele tem medo da eternidade, medo de que ela o separará da sua, demoniacamente entendida, vantagem infinita sobre outras pessoas, sua justificação, demoniacamente entendida, para ser o que ele é. – Ele mesmo é o que ele quer ser. Ele iniciou com a infinita abstração do si-mesmo e agora finalmente se tornou tão concreto que seria impossível querer tornar-se eterno naquele sentido; e, contudo, ele quer desesperadamente ser si mesmo. Ah, que loucura demoníaca, o que mais o enfurece é o pensamento de que a eternidade poderia ter a intenção de tirá-lo de sua miséria.

Esse tipo de desespero é raramente visto no mundo, tais formas aparecem propriamente apenas nos poetas, em todo o caso, nos verdadeiros poetas, que sempre emprestam idealidade "demoníaca", usando esta palavra em sentido puramente grego[148], a suas criações. Todavia, um desespero como esse também aparece na realidade. Qual é então o aspecto exterior correspondente? Bem, não há nada "correspondente", já que uma exterioridade correspondente que corresponda ao fechamento hermético é uma autocontradição; pois se ela corresponde, então é uma manifestação. Mas a exterioridade aqui é totalmente irrelevante, aqui onde o fechamento hermético, ou o que poderia ser chamado de uma interioridade emperrada, é, de modo tão preponderante, o que deve ser o objeto de atenção. As formas mais inferiores de desespero, nas quais não havia propriamente nenhuma interioridade, ou, em todo o caso, nada a ser dito sobre ela, as formas mais baixas de desespero devem ser apresentadas descrevendo ou dizendo algo sobre algum aspecto externo da pessoa desesperada. Mas quanto mais espiritual o desespero se torna e quanto mais a interioridade se torna um mundo próprio para si mesma no fechamento hermético, tanto mais indiferentes são as exterioridades sob as quais o desespero se esconde. Mas quanto mais espiritual o desespero se torna, tanto mais atento ele mesmo se torna, com sagacidade demoníaca, para manter o desespero fechado no fechamento hermético, e tanto mais atento se torna para pôr a exterioridade na indiferença, torná-la tão insignificante e irrelevante quanto possível. Assim como na lenda o duende desaparece através de uma fenda que ninguém consegue ver, assim também são as coisas com o desespero, quanto mais espiritual ele é, tanto mais urgente é para ele habitar em uma exterioridade atrás da qual ninguém normalmente pensaria em procurá-lo. Este ocultamento é ele mesmo algo espiritual e é

---

148. Alusão a uma espécie de seres que se encontram entre o divino e o humano, *daimon*. Cf., p. ex., a explicação de Kierkegaard com relação ao demônio de Sócrates: Cf. KIERKEGAARD, S.A. *O conceito de ironia*. Trad. de Álvaro L.M. Valls. Petrópolis: Vozes, 1991, Parte I, cap. II: O demônio de Sócrates, p. 127-133 (*SKS* 1, p. 207-215) [N.T.].

um dos meios de proteção para assegurar-se que haja atrás da realidade, por assim dizer, um *en*clausuramento [*Inde*lukke] atrás da realidade, um mundo *ex*clusivamente [*Ude*lukkende] para ele mesmo, |187| um mundo onde o si-mesmo desesperado está inquieto e empenhado, de modo semelhante a Tântalo[149], em querer ser si mesmo.

Nós começamos (α 1) com a forma mais baixa de desespero, aquela que desesperadamente não quer ser si mesma. O desespero demoníaco é a forma mais intensificada do desespero que desesperadamente quer ser si mesmo. Esse desespero não quer ser si mesmo nem mesmo em um autoencantamento estoico de si e em um endeusamento de si, não quer ser si mesmo, de modo certamente falso, mas em certo sentido de acordo com a própria perfeição; não, ele quer ser si mesmo em ódio para com a existência, quer ser si mesmo de acordo com sua miséria. Nem mesmo em obstinação ou obstinadamente ele quer ser si mesmo, mas por afronta[150]; nem mesmo em obstinação ele quer arrancar o seu si--mesmo do poder que o estabeleceu, mas por afronta quer se impor sobre ele, quer se impor obstinadamente sobre ele, quer manter-se nele por malícia – e se compreende que uma contestação maliciosa deve acima de tudo tomar o cuidado de manter-se próxima daquilo que ela contesta. Rebelando-se contra toda a existência ele sente que encontrou uma prova contra ela, contra a bondade dela. O desesperado acredita que ele mesmo é a prova, e que é isso mesmo o que ele quer ser, portanto quer ser si mesmo, ser si mesmo em seu tormento, para com esse tormento protestar contra toda a existência. Assim como aquele que desespera de modo fraco não quer ouvir nada sobre qualquer consolo que a eternidade tenha para ele, assim também a pessoa em tal desespero não

---

149. *Tantalisk*: insatisfeito, frustrado. Figura da mitologia grega, Tântalo é condenado, como castigo por seus crimes, a nunca ter sua fome e sede saciadas. Quando tentava tomar água, esta escorria sem que pudesse alcançá-la, e quando tentava colher belos e apetitosos frutos, o vento desviava os galhos para longe [N.T.].

150. *den vil end ikke i Trods eller trodsigt, men paa Trods være sig selv*: o autor faz aqui um jogo de palavras em torno do termo obstinação, sendo que a construção *paa Trods* designa o ato intencional de mostrar a obstinação: afronta, despeito [N.T.].

quer ouvir nada sobre isso, mas por uma razão diferente: esse mesmo consolo seria sua ruína – como um protesto contra toda a existência. Para descrevê-lo figurativamente, é como se um autor cometesse um erro ortográfico e este se tornasse consciente de si mesmo enquanto tal – talvez ele nem fosse propriamente um erro, mas, em um sentido muito mais elevado, uma parte essencial de toda a apresentação – e agora é como se esse erro quisesse se rebelar contra o autor, por ódio a ele, proibindo-o de corrigi-lo, e em obstinação delirante dizendo-lhe: não, eu não quero ser eliminado, eu permanecerei como uma testemunha contra ti, uma testemunha de que és um autor medíocre.

Segunda parte
Desespero é o pecado

|191|

A
DESESPERO É O PECADO

Pecado é: *diante de Deus, ou com a noção de Deus, desesperadamente não querer ser si mesmo ou desesperadamente querer ser si mesmo.* Assim, o pecado é a fraqueza intensificada ou obstinação intensificada: pecado é a intensificação do desespero. A ênfase está no *diante de Deus,* ou que se tenha a noção de Deus; o que torna o pecado dialética, ética e religiosamente o que os juristas chamam desespero "qualificado", é a noção de Deus.

Embora não haja espaço ou lugar para um delineamento psicológico nesta parte, e ainda menos na seção A, neste ponto deve-se fazer referência à fronteira mais dialética entre desespero e pecado, àquilo que poderia ser chamado de uma existência poética em direção ao religioso, uma existência que tem algo em comum com o desespero da resignação, exceto pelo fato de a noção de Deus estar presente. Uma tal existência poética, como pode ser visto na conjunção e na posição das categorias, será a existência poética mais eminente. Considerada do ponto de vista cristão, toda existência poética (apesar de toda estética) é pecado, o pecado de poetizar ao invés de ser, de se relacionar ao bem e à verdade através da fantasia ao invés de sê-los, ou seja, esforçar-se existencialmente para sê-los. A existência poética da qual falamos aqui é diferente do desespero nisso, que ela tem consigo uma noção de Deus ou está diante de Deus; mas ela é extremamente dialética, e é como uma impenetrável confusão dialética, sobre até que ponto está obscuramente ciente de ser pecado. Um tal poeta pode ter um desejo religioso muito profundo e a noção de Deus é incluída em seu desespero. Ele ama a Deus acima de tudo, Deus que para ele é seu único consolo em seu tormento secreto e, |192| contudo, ele ama seu tormento e não o abandonará. Ele gostaria tanto de ser si mesmo diante de Deus, mas não em relação ao ponto fixo onde o si-mesmo sofre, ali ele desesperadamente não quer ser si mesmo; ele tem esperança de que a eternidade levará este sofrimento embora, e aqui na temporalidade não importa o quanto sofra, ele não consegue se decidir por assumi-lo, não consegue humilhar-se em fé sob este sofrimento. E, contudo, ele continua a se relacionar com Deus, e esta é sua única bem-aventurança; para ele seria o maior dos horrores o ter de ficar sem Deus, "isso seria o suficiente para desesperar;" e, contudo, ele se permite, propriamente, mas talvez inconscientemente, poetizar Deus um pouquinho diferente do que Deus realmente é, um pouco mais como o pai carinhoso que cede demais – ao único desejo do filho. Assim como aquele que foi infeliz no amor e por isso se tornou poeta, e agora, de modo extasiante, celebra a felicidade do amor, assim também ele se torna um poeta da religiosidade. Ele se tornou infeliz na religiosidade, compreende obscuramente que o que se exige dele é largar este tormento, ou seja, humilhar-se em fé sob esse tormento e assumi-lo como uma parte do si-mesmo – pois ele quer mantê-lo longe de si, e precisamente assim o agarra, embora certamente pense (isso, assim como cada palavra de uma pessoa desesperada, está inversamente correto e, portanto, deve ser entendido inversamente) que isso significa afastar-se dele tanto quanto possível, largá-lo, tanto quanto é possível a um ser humano. Mas, crendo, assumi-lo, isso ele não pode, ou seja, em última análise não o quer, ou, aqui seu si-mesmo termina em obscuridade. Mas assim como aquela descrição que o poeta fez do amor[151], assim também essa descrição que o poeta faz do religioso tem um encanto, uma verve lírica, como não tem a de nenhum homem casado e a de nenhuma Vossa Reverência. Também não é inverdade o que ele diz, de jeito nenhum; sua exposição é simplesmente seu eu mais feliz, melhor. A sua relação para com o religioso é aquela de um amante infeliz,

---

151. *Elskov*. A língua dinamarquesa possui dois termos para amor: *Elskov* e *Kjerlighed* (*kœrlighed*, na grafia atual), o primeiro referindo-se normalmente ao amor erótico e o segundo ao amor divino, religioso. Esta distinção, contudo, não é rígida ou mecânica. Cf. VALLS, Á.L.M. Apresentação. In: KIERKEGAARD, S.A. *As obras do amor*. Trad. de Álvaro L.M. Valls. Petrópolis: Vozes, 1991, p. 7-14 [N.T.].

ou seja, em sentido forte ele não é um crente; ele tem apenas aquilo que é o primeiro em relação à fé[152]: desespero, e nisso um desejo ardente pelo religioso. Seu conflito é propriamente este: será ele o chamado? Será o espinho na carne expressão do fato de que ele deve ser usado para o extraordinário? Diante de Deus estará completamente em ordem ser o extraordinário que se tornou? Ou será o espinho na carne aquilo sob o que deve se humilhar para alcançar o universalmente humano? – Mas já chega com isso, com a ênfase da verdade eu posso perguntar: para quem estou falando? Quem se importa com tais investigações psicológicas na enésima potência? Os quadros de Nürnberg[153] que o pastor pinta podem ser melhor |193| compreendidos; eles se assemelham de modo enganador a todos e a cada um, à maioria das pessoas e, espiritualmente entendido, a nada.

Capítulo 1 As gradações na consciência do si-mesmo (a determinação: diante de Deus)

Na parte anterior foi constantemente mostrada uma gradação na consciência do si-mesmo; primeiro veio a ignorância de ter um si-mesmo eterno (C. B. a.), então um conhecimento de ter um si-mesmo no qual há algo eterno (C. B. b.) e, no interior deste último (α. 1. 2. β), gradações também foram mostradas. Toda essa consideração deve agora dialeticamente tomar um novo direcionamento. A questão é esta: a gradação na consciência do si-mesmo, com a qual nos ocupamos até aqui, está no interior da determinação do si-mesmo humano, ou do si-mesmo cuja medida[154]

---

152. *han har kun det Første af Troen.* Mais literalmente: *ele tem apenas o primeiro da fé.* Ettore Rocca traduz: *ha solo il primo stadio della fede* [tem apenas o primeiro estádio da fé]; Howard e Edna Hong: he has only the first element of Faith [ele tem apenas o primeiro elemento da fé]; Alastair Hannay: *he has only the first requirement of Faith* [ele tem apenas a primeira exigência da fé]. É importante ter em mente que o autor usa o termo desespero ora para se referir ao próprio desespero, ora para se referir à consciência do desespero [N.T.].

153. *Nürnberger-Billeder*: antigas estampas em cobre e litografias populares. A expressão normalmente indicava, de modo depreciativo, produtos de baixa qualidade [N.T.].

154. *Maalestok*: medida, escala, régua, padrão, critério [N.T.].

é o ser humano. Mas este si-mesmo recebe uma nova qualidade e qualificação ao ser um si-mesmo diretamente diante de Deus. Este si-mesmo não é mais o si-mesmo meramente humano, mas aquilo que eu, na esperança de não ser mal compreendido, chamaria de si-mesmo teológico, o si-mesmo diretamente diante de Deus. E que realidade [*Realitet*][155] infinita não ganha o si-mesmo ao estar consciente de existir diante de Deus, ao se tornar um si--mesmo humano cuja medida é Deus? Um criador de gado que (se isso fosse possível) é si-mesmo diretamente diante de seu gado, é um si-mesmo muito baixo; e, semelhantemente, um soberano que é si-mesmo diretamente diante de seus escravos não é propriamente nenhum si-mesmo – pois em ambos os casos falta uma medida. A criança que anteriormente tinha tido apenas a medida de seus pais, se torna si-mesma como homem ao tomar o Estado como medida; mas que ênfase infinita recai sobre o si-mesmo ao ter Deus como medida! A medida para o si-mesmo sempre é: aquilo diretamente diante do que ele é si-mesmo, mas isso, por sua vez, é a definição de "medida". Assim como só se pode somar grandezas equivalentes, assim também cada coisa é qualitativamente o que é por aquilo com que é medida; e aquilo que qualitativamente é a sua medida [*Maalestok*], eticamente é a sua meta [*Maal*]; e a medida e a meta são qualitativamente o que uma coisa é, à exceção da relação no mundo da liberdade, onde alguém, pelo contrário, por não ser qualitativamente aquilo que é sua meta e sua medida deve, ele mesmo, ter ocasionado essa desqualificação, então |194| a meta e a medida ainda permanecem, do ponto de vista do julgamento, os mesmos, tornando claro o que uma pessoa não é, ou seja, aquilo que é sua meta e sua medida.

Era um pensamento muito correto, ao qual frequentemente uma dogmática mais antiga[156] recorreu, ao passo que uma dog-

---

155. Cf. nota 65.

156. Cf. *Confissão de Augsburgo*, art. II. Cf. tb. *Livro de concórdia*: As confissões da Igreja Evangélica Luterana. 5. ed. Trad. e notas de Arnaldo Schüler. São Leopoldo/Porto Alegre: Sinodal/Concórdia, 1997. (Editado pela Comissão Interluterana de Literatura – IECLB/IELB), p. 29 [N.T.].

mática mais recente[157] tantas vezes o criticou, pois esta carecia do entendimento ou da sensibilidade para isso – era um pensamento muito correto, mesmo se às vezes se fazia um uso equivocado dele: que isso, que fazia do pecado algo tão terrível, é que ele era diante de Deus. A partir disso se provava a punição eterna no inferno. Mais tarde as pessoas se tornaram mais espertas e disseram: pecado é pecado; o pecado não é maior porque é contra Deus ou diante de Deus. Estranho! Até mesmo os advogados falam de crimes qualificados; até mesmo advogados distinguem entre um crime cometido contra um oficial público, por exemplo, ou contra um cidadão comum, distinguem entre a punição para um parricídio e aquela para um assassinato comum.

Não, nisso a dogmática mais antiga tinha razão, o fato de que o pecado era contra Deus o intensificava infinitamente. O erro consistiu em se considerar Deus como algo externo, e era como se se presumisse que apenas às vezes se pecava contra Deus. Mas Deus não é algo externo no mesmo sentido em que o é um policial. A questão que deve ser observada é que o si-mesmo tem uma noção de Deus e que, no entanto, não quer assim como ele quer e, portanto, é desobediente. Assim também não se peca apenas ocasionalmente diante de Deus; pois todo pecado é diante de Deus ou, mais corretamente, o que propriamente faz da culpa humana pecado é que o culpado tinha a consciência de existir diante de Deus.

O desespero é intensificado em relação à consciência do si-mesmo; mas o si-mesmo é intensificado em relação à medida para o si-mesmo, e infinitamente quando Deus é a medida. Quanto maior a noção de Deus, tanto mais si-mesmo; e quanto mais si-mesmo, tanto maior a noção de Deus. Somente quando um si-mesmo assim como este, individual e específico, está consciente de existir diante de Deus, só então ele é o si-mesmo infinito; e este si-mesmo então peca diante de Deus. Portanto o egoísmo do paganismo, apesar de tudo o que pode ser dito dele, não estava nem perto de ser tão qualificado quanto o da Cristandade, na medida em que

---

157. Referência geral a dogmáticas iluministas, influenciadas especialmente por Kant (*Crítica da razão prática*) e que, em linhas gerais, desconsideravam a ideia do estar diante de Deus para a qualificação do pecado [N.T.].

também aqui há egoísmo; pois o pagão não tinha seu si-mesmo diretamente diante de Deus. O pagão e o ser humano natural têm o si-mesmo meramente humano como medida. Portanto pode-se bem ter razão, a partir de um ponto de vista mais elevado, em ver o paganismo como estando no pecado, mas o pecado do paganismo era propriamente a ignorância |195| desesperada de Deus, de existir diante de Deus; ou seja: "estar sem Deus no mundo"[158]. De outro lado é verdade, portanto, que no sentido mais estrito o pagão não pecava, pois ele não pecava diante de Deus; e todo pecado é diante de Deus. Além disso, num certo sentido, é bem correto que muitas vezes um pagão é ajudado a andar de modo irrepreensível pelo mundo, exatamente porque a sua noção superficial pelagiana o salvou; mas então o seu pecado é outro: é esta compreensão superficial pelagiana. Por outro lado, certamente também é o caso que muitas vezes uma pessoa, precisamente por ter sido duramente educada no cristianismo, tenha sido em certo sentido mergulhada no pecado, porque todo o ponto de vista cristão era sério demais para ela, especialmente nos primeiros anos de sua vida; mas então em outro sentido agora isso é novamente uma ajuda para ela, essa noção mais profunda do que é pecado.

Pecado é: diante de Deus desesperadamente não querer ser si mesmo, ou diante de Deus desesperadamente querer ser si mesmo. Mas essa definição, mesmo que em outros casos talvez se admita que tenha seus méritos (e de todos eles o mais importante é que ela é a única conforme as escrituras; pois a escritura define sempre pecado como desobediência), não será ela espiritual demais? A isso se deve responder antes de mais nada: uma definição de pecado nunca pode ser espiritual demais (a não ser que ela se torne tão espiritual que venha a abolir o pecado), pois o pecado é justamente uma qualificação do espírito. Além disso: por que ela seria espiritual demais? Porque não fala de assassinato, roubo, luxúria etc.? mas será que não fala dessas coisas? Não são elas também uma pertinácia contra Deus, uma desobediência que se obstina contra seu mandamento? Mas, por outro lado, se ao falarmos de pecado falamos apenas de tais pecados, então facilmente

---

158. Cf. Ef 2,12 [N.T.].

esquecemos que, humanamente falando, todas essas coisas podem até certo ponto estar em ordem e, contudo, toda a vida pode ser pecado, aquele conhecido tipo de pecado: os vícios brilhantes[159], a obstinação, que, ou a-espiritualmente, ou de modo petulante, continua sendo ignorante ou quer ignorar em que sentido infinitamente mais profundo um si-mesmo humano está obrigado à obediência a Deus com relação a cada um desses desejos e pensamentos mais ocultos, com relação a sua prontidão para entender e sua vontade para seguir cada sinal de Deus sobre qual é sua vontade para com esse si-mesmo. Os pecados da carne são a obstinação do si-mesmo inferior; mas com que frequência não se expulsa um demônio com o auxílio do próprio demônio e a última situação acaba ficando pior do que a primeira?[160] Pois assim certamente são as coisas no mundo: primeiro uma pessoa peca por debilidade e fraqueza; e |196| então – bem, então talvez ela aprenda a fugir para Deus e a ser ajudada pela fé, que salva de todo pecado; mas não falaremos disso aqui – então ela desespera sobre sua fraqueza e se torna ou um fariseu que desesperadamente administra um tipo de justiça legal, ou desesperadamente se lança novamente no pecado.

A definição inclui, portanto, certamente cada forma imaginável e cada forma real de pecado; de fato, ela evidencia o ponto decisivo de que pecado é desespero (pois pecado não é o desregramento de carne e sangue, mas o consentimento do espírito a isso), e é: diante de Deus. Como definição ela é uma fórmula algébrica; começar a descrever os pecados particulares nesse pequeno livro seria algo fora de lugar e, além disso, uma tentativa que poderia fracassar. A questão principal aqui é simplesmente que a definição, como uma rede, abarque todas as formas. E isso de fato ela faz, o que também pode ser visto quando é testada ao se estabelecer o seu oposto, a definição de fé, pela qual me guio por todo este livro como pela baliza náutica segura; fé é: que o si-mesmo ao ser si mesmo e ao querer ser si mesmo, se funda transparentemente em Deus.

---

159. Cf. nota 119.
160. Referências a Mt 12,24; 12,45 [N.T.].

Mas com muita frequência se ignorou que o oposto de pecado não é, de jeito nenhum, virtude. Essa é, em parte, uma consideração pagã, que se satisfaz com uma medida meramente humana e simplesmente não sabe o que é pecado, que todo pecado é diante de Deus. Não, *o contrário de pecado é fé*, como, portanto, está dito em Rm 14,23: tudo o que não provém da fé é pecado. E esta é uma das definições mais decisivas para todo o cristianismo, que o oposto de pecado não é virtude, mas fé.

Apêndice: Que a definição de pecado inclui em si a possibilidade do escândalo; uma observação geral sobre o escândalo

A oposição pecado-fé é a oposição cristã que, do ponto de vista cristão, transforma todas as determinações conceituais éticas, dá a elas um alcance maior. Na base da oposição está a determinação decisiva do cristianismo: diante de Deus, uma determinação que, por sua vez, tem o critério decisivo do cristianismo: o absurdo, o paradoxo, a possibilidade do escândalo. E que isso apareça |197| em cada determinação do que é cristão é algo da maior importância, pois o escândalo é a arma do cristianismo contra toda especulação. Onde está, então, a possiblidade de escândalo aqui? Está em que um ser humano deveria ter esta realidade [*Realitet*]: de como ser humano *individual* existir diante de Deus e, portanto, o que segue disso, que o pecado de um ser humano deveria dizer respeito a Deus. Essa ideia do ser humano individual diante de Deus nunca entra na cabeça da especulação; ela apenas universaliza seres humanos individuais fantasticamente na espécie. Essa de fato também foi a razão pela qual um cristianismo descrente inventou que pecado é pecado, e se ele for diretamente diante de Deus ou não, é algo que não faz a menor diferença. Ou seja, queria se eliminar a determinação *diante de Deus* e, por isso, se inventou uma sabedoria mais elevada que, muito curiosamente, não era nem mais nem menos do que aquilo que a sabedoria mais alta muito frequentemente é, o velho paganismo.

Há tanta conversa sobre ficar escandalizado com o cristianismo por ele ser tão escuro e sombrio, escandalizar-se por ser tão rigoroso etc.; mas o mais correto seria esclarecer logo que a verdadeira razão pela qual as pessoas ficam escandalizadas com o cristianismo é porque ele é elevado demais, porque a sua meta não é a meta do ser humano, porque o cristianismo quer fazer do ser humano algo tão extraordinário que isso não lhe entra na cabeça. Uma exposição psicológica bem simples da natureza do escândalo explicará e também mostrará de que modo infinitamente tolo temos nos comportado ao defender o cristianismo eliminando o escândalo; de que modo estúpido e descarado se ignorou as instruções do próprio Cristo que com frequência e tão preocupadamente advertem contra o escândalo[161], ou seja, ele mesmo mostra que a possibilidade do escândalo está e deve estar aí; pois se ela não devesse estar presente, se ela não fosse um componente eternamente essencial do cristianismo, então certamente é um grande disparate humano da parte de Cristo que, ao invés de removê-lo, anda por aí preocupado advertindo contra o escândalo.

Se eu fosse imaginar um pobre trabalhador[162] e o mais poderoso dos imperadores que já viveu, e este, o mais poderoso imperador, de repente tivesse a ideia de enviar uma mensagem ao trabalhador – que nunca teria sonhado e "em cujo coração jamais penetrou"[163] a ideia de que o imperador soubesse que ele existia, o qual então se consideraria indescritivelmente feliz se fosse autorizado a ver o imperador por uma única vez, algo que contaria a seus filhos e netos como o mais importante acontecimento da sua vida – se o imperador enviasse a mensagem ao trabalhador e o fizesse saber que lhe queria ter como |198| genro: e então? Então, bem humanamente, o trabalhador ficaria um pouco ou muito embaraçado, envergonhado e incomodado com isso tudo; isso lhe pareceria (e isso é o que há de humano) humanamente muito estranho e insano, essa seria a última coisa que ele contaria a outra pessoa, já que ele mesmo, na tranquilidade de seus pensamentos, não estava longe da explicação, com a qual os vizinhos, de perto

---

161. Cf. Mt 11,6; 26,31, Jo 6,61. Diferentemente da tradução da Bíblia para o dinamarquês utilizada por Kierkegaard (edição de 1830), nem todas as traduções para o português trazem o termo "escândalo" ou seus correlatos explicitamente nesses versículos [N.T.].

162. *Dagleier*: trabalhador com salário diário, jornaleiro [N.T.].

163. Citação livre de 1Cor 2,9 [N.T.].

e de longe, iriam se ocupar assim que possível: que o imperador queria lhe fazer de bobo, então o trabalhador seria motivo de riso para toda a cidade, fariam caricaturas suas nos jornais, a história do seu casamento com a filha do imperador seria oferecida pelas cantoras de rua por alguns trocados. Entretanto, essa ideia de ele se tornar o genro do imperador teria que se transformar logo numa realidade externa, de modo que o trabalhador pudesse se assegurar pelos próprios sentidos se o imperador estaria de fato levando isso a sério ou se ele queria apenas fazer o trabalhador de bobo, torná-lo infeliz por toda a vida e, por fim, ajudá-lo a ir para o hospício; pois o *quid nimis* [excesso] está presente aqui como algo que, de modo infinitamente fácil, pode se converter em seu contrário. Um pequeno sinal de ajuda, isso faria sentido para o trabalhador; isso seria entendido na cidade mercantil[164] pelo público culto e honrado, por todas as cantoras de rua, em resumo, pelas 5 vezes 100 mil pessoas que viviam naquela cidade mercantil que, certamente, era uma cidade bem grande com relação à população, mas uma pequena cidade mercantil com relação a ter entendimento e sensibilidade para o extraordinário – mas essa história de se tornar genro, sim, isso já seria demais. E suponhamos agora que a história não dissesse respeito a uma realidade externa, mas a uma realidade interna, de modo que a facticidade não pudesse fornecer certeza ao trabalhador, mas que a própria fé fosse a única facticidade e, portanto, que tudo fosse deixado à fé, se ele tivesse suficiente coragem humilde para ousar crer (pois coragem insolente não ajuda com relação a *crer*): quantos trabalhadores teriam essa coragem? Mas aquele que não tivesse essa coragem, ficaria escandalizado; o extraordinário lhe soaria quase como um escárnio dele. Então talvez ele confessasse honesta e diretamente: tal coisa é alta demais para mim, isso não entra na minha cabeça, ou seja, falando bem diretamente, para mim isso é uma loucura.

E agora o cristianismo! O cristianismo ensina que esse ser humano individual e, assim, cada ser humano individual, não im-

---

164. *Kjøbstaden*: cidade mercantil, alusão a *Kjøbenhavn* (*København* na grafia atual), Copenhague, literalmente: porto mercantil. Segundo o censo de 1845, conforme comentário de *SKS*, Copenhague contava com 126.787 habitantes [N.T.].

porta se for homem, mulher, empregada doméstica, ministro, comerciante, barbeiro, estudante etc., esse ser humano individual existe *diante de Deus* – esse ser humano individual, |199| que talvez se sentisse orgulhoso por uma vez na vida ter conversado com o rei, esse ser humano, que não cria para si a menor ilusão de ter intimidade com essa ou aquela pessoa, esse ser humano existe diante de Deus, pode falar com Deus no momento em que quiser, ter certeza de ser escutado por ele, em resumo, esse ser humano é convidado a viver na mais íntima relação com Deus! Além disso, por causa dessa pessoa, por causa dessa própria pessoa, Deus vem ao mundo, se deixa nascer, sofrer, morrer; e esse Deus sofredor quase implora e suplica que essa pessoa aceite a ajuda que lhe é oferecida! Em verdade, se há algo com o que se pode perder o entendimento, é isso! Todo aquele que não tiver a coragem humilde para ousar crer nisso, esse se escandaliza. Mas por que se escandaliza? Porque isso é alto demais para ele, porque isso não lhe entra na cabeça, porque não consegue ter sua franqueza diante disso e, portanto, deve livrar-se disso, eliminá-lo, transformá-lo em loucura e disparate, pois é como se isso fosse sufocá-lo.

Pois o que é escândalo? Escândalo é admiração infeliz. Portanto, ele tem um parentesco com a inveja, mas é uma inveja que se volta contra a própria pessoa, e num sentido ainda mais estrito, é contra a própria pessoa da pior maneira. A estreiteza de coração do ser humano natural não se permite aceitar o extraordinário que Deus lhe destina; então ele se escandaliza.

O grau de escândalo depende, pois, de quanta paixão uma pessoa tem em relação à admiração. As pessoas mais prosaicas, sem fantasia e paixão e que, portanto, não são propriamente dadas à admiração, tais pessoas também se escandalizam, mas se limitam a dizer: tal coisa não me entra na cabeça, eu deixo isso de lado. Tais pessoas são os céticos. Mas quanto mais paixão e fantasia uma pessoa tiver, quanto mais perto ela estiver, num certo sentido, no sentido da possibilidade, de poder tornar-se crente (N.B., de humilhar-se em adoração diante do extraordinário), tanto mais apaixonado será seu escândalo, que finalmente não ficará satisfeito a não ser extirpando o extraordinário, aniquilando-o, jogando-o na lama.

Se quisermos aprender a compreender o escândalo, então que se estude a inveja humana, um estudo que eu apresento para além do que se exige nos exames e que presumo conhecer a fundo. Inveja é admiração secreta. Um admirador que sente não conseguir ser feliz ao entregar-se à admiração, escolhe tornar-se invejoso para com aquilo que admira. Então ele fala uma outra língua; na sua língua ele agora chama aquilo, que propriamente admira, de um nada, de uma coisa bastante estúpida, e banal, e estranha, e |200| exagerada. Admiração é autoentrega feliz, inveja é autoafirmação infeliz.

Assim também são as coisas com o escândalo; pois aquilo que na relação entre um ser humano e outro é admiração-inveja, na relação entre Deus e ser humano é adoração-escândalo. A *summa summarum* [soma das somas, o resumo] de toda sabedoria humana é este "áureo", ou talvez seria mais correto dizer, só banhado em ouro: *ne quid nimis* [nada em excesso][165], muito pouco ou demais estragam tudo[166]. Isso é partilhado entre os homens como sabedoria, honrado com admiração; sua cotação nunca flutua, toda a humanidade garante seu valor. Então de vez em quando vive um gênio que vai um pouco além disso e é chamado de louco – pelos sábios. Mas o cristianismo dá um passo gigantesco para além desse *ne quid nimis* e para dentro do absurdo; aí começa o cristianismo – e o escândalo.

Agora se vê o quão (para que ainda possa permanecer algo de extraordinário), o quão extraordinariamente estúpido é defender o cristianismo, quão pouco conhecimento do ser humano isso denuncia, quão conivente isso é com o escândalo, mesmo se inconscientemente, ao fazer do cristianismo algo tão miserável, que no fim deve ser salvo com uma defesa. Portanto, é certo e verdadeiro que o primeiro a vir com a ideia de defender o cristianismo na Cristandade é *de facto* um Judas n. 2; ele também trai com um beijo, só que essa traição é a da estupidez. Defender algo é sempre contraindicá-lo. Suponha que alguém tenha um armazém cheio de ouro, e suponha que queira dar cada ducado aos pobres – mas,

---

165. Alusão a HORÁCIO. *Odes*, Livro II, n. 10, v. 5 [N.T.].
166. Alusão a ARISTÓTELES. *Ética a Nicômaco*, 1106b [N.T.].

além disso, suponha que seja suficientemente estúpido para iniciar essa ação beneficente com uma defesa, na qual o demonstra em três razões o que há de defensável em sua ação: e não estará longe o ponto de as pessoas quase acharem duvidoso que ele esteja fazendo algum bem. Mas e agora o cristianismo! Sim, aquele que o defende nunca creu nele. Se ele crê, então o entusiasmo da fé – não é uma defesa, não, é um ataque e uma vitória; um crente é um vitorioso.

Assim também são as coisas com o cristianismo e o escândalo. A possibilidade deste último está muito corretamente presente na definição cristã de pecado. É esta: diante de Deus. Um pagão, o ser humano natural, quer muito admitir que o pecado existe, mas este "diante de Deus" que propriamente faz com que o pecado seja pecado, isso é demais para ele. Para ele (embora em um modo diferente do que é mostrado aqui) isso é fazer do |201| ser humano algo demasiado; sendo um pouquinho menos, então ele está disposto a acompanhar – "mas demais é demais".

Capítulo 2 A definição socrática de pecado

Pecado é ignorância[167]. Esta, como se sabe, é a definição socrática, que, como tudo o que é socrático, é sempre uma autoridade digna de atenção. Entretanto, aconteceu com relação a este ponto, como com relação a muito do que é socrático, que se começou a sentir um desejo de ir mais adiante[168]. Quantas incontáveis pessoas não sentiram o desejo de ir além da ignorância socrática – presumivelmente porque sentiram que lhes era impossível permanecer nela; pois quantos há em cada geração que poderiam suportar, ainda que só por um mês, existencialmente expressar ignorância sobre tudo?

Portanto não rejeitarei a definição socrática, de jeito nenhum, com base no fato de que as pessoas não conseguem permanecer

---

167. Trata-se de formulação negativa da ideia socrática de que a virtude é um conhecimento. Cf., p. ex., PLATÃO. *Protágoras* (351e-357e) [N.T.].

168. *at gaae videre*: ir além, ultrapassar. Cf. a *Moral da história* em KIERKEGAARD, S.A. *Migalhas filosóficas* [N.T.].

nela; mas, com o cristianismo *in mente*, utilizarei a definição socrática para realçar este último em sua agudeza[169] – simplesmente porque a definição socrática é tão genuinamente grega; assim, aqui, como sempre acontece com qualquer outra definição que, no sentido mais rigoroso, não é rigorosamente cristã, isto é, cada definição intermediária se mostra em seu vazio.

O defeito da definição socrática está em que deixa indefinido como a própria ignorância deve ser compreendida mais de perto, sua origem etc. Quer dizer, mesmo se o pecado for ignorância (ou o que o cristianismo talvez preferiria chamar de estupidez), o que em certo sentido não pode ser negado, será isso uma ignorância original? Será, portanto, o estado de alguém que não sabia e que até agora não foi capaz de saber nada sobre a verdade? Ou será isso uma ignorância produzida, uma ignorância posterior? Se as coisas forem segundo este último caso, então o pecado deve depender propriamente de outra coisa do que da ignorância, ele deve depender da atividade pela qual a pessoa trabalhou para obscurecer o seu conhecimento. Mas mesmo supondo isso, retorna aquele defeito inflexível e muito resistente, já que permanece a questão de se, no momento em que começou a obscurecer o seu conhecimento, a pessoa estava claramente |202| consciente de fazê-lo. Se ela não estava claramente consciente de fazê-lo, então o seu conhecimento já estaria de algum modo obscurecido antes que começasse; e a questão simplesmente retorna. Se, ao contrário, supusermos que ela estava claramente consciente quando começou a obscurecer o seu conhecimento, então o pecado (mesmo se for ignorância, na medida em que este é o resultado) não está no conhecimento, mas na vontade, e a pergunta que deve surgir diz respeito à relação recíproca entre o conhecimento e a vontade. Em todas essas questões (e aqui se poderia continuar perguntando por vários dias), a definição socrática propriamente não entra. Sócrates era certamente um ético[170] (o que a Antiguidade reivindica incondicionalmente para ele, o inventor da ética), o primeiro, como ele é e permanece sendo, o primeiro em seu gênero; mas ele

---

169. *Skarphed*: agudeza, acuidade, penetração [N.T.].
170. *Ethiker*, como substantivo [N.T.].

inicia com a ignorância. Intelectualmente, ele tende à ignorância, ao nada saber. Eticamente ele entende por ignorância algo completamente diferente, e começa por ela. Mas, por outro lado, como é natural, Sócrates não é nenhum ético [*Ethiker*] essencialmente religioso, e muito menos, no plano cristão, um teólogo dogmático. Portanto, ele propriamente não entra em toda a investigação com a qual o cristianismo começa, com o *prius* [estado antecedente] no qual o pecado pressupõe a si mesmo e que o cristianismo esclarece no dogma do pecado hereditário, dogma que vamos apenas tangenciar nessa investigação.

Sócrates, portanto, não chega propriamente à categoria do pecado, o que certamente é um defeito para uma definição de pecado. Como pode ser isso? Se pecado é ignorância, então o pecado propriamente não existe, pois pecado é exatamente consciência. Se pecado é ser ignorante do que é o correto e por isso fazer o incorreto, então o pecado não existe. Se pecado é isso, então se assume, o que Sócrates também assumiu, que não possa acontecer de uma pessoa saber o que é o justo e fazer o injusto, ou sabendo que algo é o injusto, fazer o injusto. Portanto, se a definição socrática estiver correta, então o pecado absolutamente não existe. Mas vê, isso, justamente isso, está completamente em ordem do ponto de vista cristão, completamente correto em um sentido mais profundo, no interesse do cristianismo é isso *quod erat demonstrandum* [o que deveria ser demonstrado]. Justamente o conceito com o qual o Cristianismo, de modo mais decisivo, se distingue qualitativamente do paganismo, é: pecado, a doutrina do pecado; e por isso o cristianismo supõe, também de modo muito consequente, que nem o paganismo, nem o ser humano natural sabem o que o pecado é, sim, o cristianismo supõe que deve haver uma revelação de Deus para revelar o que o pecado é. Pois não é |203| assim como supõe uma consideração superficial, que a doutrina da redenção é o que estabelece a diferença qualitativa entre paganismo e cristianismo. Não, o início deve ser posto em uma profundidade muito maior, com o pecado, com a doutrina do pecado, como de fato faz o cristianismo. Que objeção perigosa contra o cristianismo, então, se o paganismo possuísse uma definição de pecado que o cristianismo tivesse de reconhecer como correta.

De qual determinação, então, Sócrates carece para poder determinar o pecado? É a de vontade, obstinação. A intelectualidade grega era feliz demais, ingênua demais, estética demais, irônica demais, espirituosa demais – pecaminosa demais, para entender que alguém, tendo conhecimento, possa deixar de fazer o bem ou, tendo conhecimento, com conhecimento do que é o justo, fazer o injusto. Os gregos estabeleceram um imperativo categórico intelectual.

A verdade disso não deveria ser negligenciada de jeito nenhum, e é necessário enfatizá-la em tempos como esses, que estão se perdendo em sua profusão de um conhecimento vaziamente pomposo e infrutífero, de modo que certamente agora, assim como no tempo de Sócrates, só que ainda mais, é necessário às pessoas estarem socraticamente um pouco famintas. Dá vontade de rir e de chorar, tanto por todas essas afirmações sobre ter compreendido e entendido o que há de mais elevado quanto pela virtuosidade com a qual muitos sabem como expô-las *in abstrato*, de certo modo bem corretamente – dá vontade de rir e de chorar quando se vê que todo esse saber e entendimento não exerce qualquer poder sobre a vida das pessoas, que suas vidas não expressam, nem de longe, o que elas compreenderam, mas, antes, justamente o oposto. Diante da visão dessa tão lamentável quanto ridícula discrepância[171], a gente involuntariamente exclama: mas de onde, em todo o mundo, é possível que eles tenham compreendido, será mesmo verdade que compreenderam? Nesse ponto aquele velho irônico[172] e ético [*Ethiker*] responde: oh, meu querido, nunca acredite nisso; eles não compreenderam, pois se tivessem verdadeiramente compreendido, então a vida deles também o expressaria, então eles fariam aquilo que tivessem compreendido.

Compreender e compreender são então duas coisas diferentes? Com certeza; e aquele que compreendeu isso – contudo, bem entendido, não no sentido do primeiro tipo de compreensão, este é *eo ipso* [por isso mesmo, por essa razão] iniciado em todos os

---

171. *Misforhold*: má relação, discrepância, desproporção. Trata-se do mesmo termo usado para descrever a má relação que é o desespero [N.T.].

172. *Ironiker*, como substantivo [N.T.].

segredos da ironia. É justamente com esta contradição que a ironia se ocupa. Perceber o cômico em alguém que é realmente ignorante de algo é uma forma muito baixa do cômico e está abaixo da dignidade da ironia. Não há propriamente nada de profundamente cômico no fato de que tenham vivido pessoas que acreditavam que a terra permanecia |204| imóvel – quando elas não conheciam nada melhor do que isso. O nosso tempo provavelmente parecerá do mesmo modo para uma época que tenha mais conhecimento do mundo físico. A contradição se dá entre duas épocas diferentes que carecem de um ponto de coincidência mais profundo; esta última contradição não é essencial e, portanto, também não é essencialmente cômica. Não, mas que uma pessoa diga o correto – e, portanto, o tenha compreendido; e então quando deve agir faça o incorreto – e, portanto, mostre que não o compreendeu: sim, isso é infinitamente cômico. É infinitamente cômico, que uma pessoa comovida até as lágrimas, de modo que não apenas o suor, mas lágrimas caiam de seu rosto, possa se sentar e ler ou ouvir uma explanação sobre autoabnegação, sobre a nobreza de sacrificar sua vida pela verdade – e então, no momento seguinte, *ein, zwei, drei, vupti*[173], ainda quase com lágrimas nos olhos, ela está em plena atividade, com suor no rosto e com suas poucas habilidades, para auxiliar a inverdade a vencer. É infinitamente cômico que um orador com verdade na voz e nos gestos, profundamente comovido e comovendo profundamente, possa de modo tocante representar a verdade, possa corajosamente enfrentar todo o mal, todos os poderes do inferno, com uma aparência confiante[174], uma franqueza no olhar, uma exatidão nos passos que é digna de admiração – é infinitamente cômico que ele, quase no mesmo instante, quase que ainda com seu traje de festa, possa de modo covarde e assustado sair correndo por causa da menor inconveniência. É infinitamente cômico que alguém possa compreender toda a verdade sobre como o mundo é tão miserável e mesquinho etc. – que possa compreendê--lo e que então não possa reconhecer isso que compreendeu; pois

---

173. *Um, dois, três, vupti*. A contagem está em alemão, no original, e o termo *vupti*, em dinamarquês, como onomatopeia que indica movimento ou ação rápidos [N.T.].

174. Com *aplomb*, no original, aprumo [N.T.].

quase no mesmo instante ele sai e participa na mesma mesquinharia e miséria, aceita honra e é honrado por isso, ou seja, a reconhece. Oh, quando se vê alguém que assegura que compreendeu completamente como Cristo andava por aí na forma de um servo humilde[175], pobre, desprezado, zombado, como dizem as escrituras: cuspido[176] – quando então eu vejo essa mesma pessoa tão cuidadosamente tomar seu caminho para o lugar onde mundanamente é bom de estar, instalar-se lá do modo mais cômodo e seguro possível, quando a vejo tão angustiada, como se sua vida girasse em torno disso, evitando qualquer ventinho desfavorável vindo de sua esquerda ou de sua direita, vê-la tão bem-aventurada, tão elevadamente bem-aventurada, tão exultante – sim, para completar o quadro, tão exultante que ela, até emocionada, agradece a Deus por isso – por ser incondicionalmente honrada e considerada por todos, por todo mundo: então frequentemente eu tenho dito comigo mesmo: "Sócrates, Sócrates, Sócrates, será possível que essa pessoa compreendeu o que ela diz ter compreendido?" É assim que eu falei, sim, e também desejei que |205| Sócrates estivesse certo. Pois para mim é como se o cristianismo fosse rigoroso demais; e eu também não posso conciliar com a minha experiência e fazer uma tal pessoa parecer um hipócrita. Não, Sócrates, a ti eu consigo entender; tu fazes dele um piadista, um companheiro animado, fazes dele uma presa do riso; não tens nada contra que eu o prepare e sirva como algo cômico, isso tem até o teu aplauso – quer dizer, desde que eu o faça bem feito.

Sócrates, Sócrates, Sócrates! Sim, devemos chamar teu nome três vezes, e não seria demais chamá-lo dez vezes, se isso ajudasse alguma coisa. Acredita-se que o mundo precisa de uma república, e acredita-se que há necessidade de uma nova ordem social e de uma nova religião: mas ninguém pensa que é justamente de um Sócrates que o mundo, justamente confundido por muito conhecimento, precisa. Claro que se alguém pensasse nisso, para nem dizer se muitos pensassem, então isso seria menos necessário. O que um erro mais precisa é sempre daquilo em que ele menos pensa – naturalmente, pois de outro modo não seria um erro.

---

175. Alusão a Fl 2,7 [N.T.].
176. Cf. Lc 18,32 [N.T.].

Então nosso tempo poderia ter uma grande necessidade de uma correção ético-irônica como essa, e talvez essa seja propriamente a única coisa da qual ele tem necessidade – pois isto é claramente sobre o que menos se pensa; ao invés de ir além de Sócrates, é altamente necessário que nós apenas voltemos a este princípio socrático: compreender e compreender são duas coisas diferentes, – não como um resultado que, ao fim e ao cabo, auxilia as pessoas a afundarem na pior miséria, dado que esse apenas anula a diferença entre compreender e compreender, mas como a concepção ética da vida cotidiana.

A definição socrática se socorre do seguinte modo. Quando alguém não faz o que é o justo, então também não o compreendeu. A sua compreensão é uma ilusão; a sua afirmação sobre ter compreendido é uma informação errada[177]; o seu repetido assegurar-se de ter compreendido, mas que diabo!, é um enorme, um enorme distanciamento da verdade, pelo maior desvio possível. Mas então a definição está de fato correta. Se alguém faz o que é o justo, então certamente não peca; e se não faz o que é o justo, então também não o compreendeu; se tivesse verdadeiramente compreendido, então isso rapidamente o moveria a fazê-lo, logo o transformaria em uma figura sonora[178] de seu entendimento: *ergo*, pecado é ignorância.

Mas onde então se esconde o defeito? Se esconde em algo a que o socrático está atento e remedia, mas só até certo ponto, ou seja, que ele carece de uma determinação dialética que relacione a transição de ter entendido algo a fazê-lo. Nessa transição inicia o |206| propriamente cristão; ao tomar este caminho ele vai do ponto de mostrar o pecado como estando na vontade ao conceito de obstinação; e então, para finalizar com firmeza, adiciona o

---

177. *en feil Direction*: alude ao sentido de uma informação ou indicação equivocada de um caminho [N.T.].

178. Fenômeno que surge quando uma camada fina de areia ou sal é colocada sobre uma superfície de metal e, quando se faz a superfície vibrar, imediatamente surgem figuras geométricas, que se alteram à medida que se altera a frequência da vibração. Essas figuras são chamadas de "figuras de Chladni" ou "figuras sonoras de Chladni", em referência ao físico alemão E.F.F. Chladni que, em 1787, descobriu o fenômeno [N.T.].

dogma do pecado hereditário – ai, pois o segredo da especulação em entender é simplesmente costurar sem finalizar com firmeza e sem dar o nó na ponta do fio, e é por isso que ela consegue, maravilhosamente, continuar sempre costurando, i. e., ir puxando o fio através do tecido. O cristianismo, ao contrário, amarra as pontas por meio do paradoxo.

Na idealidade pura, onde não se fala sobre o ser humano real individual, a transição é o necessário (afinal, no sistema tudo acontece por necessidade), ou, não há propriamente nenhuma dificuldade conectada à transição do entender ao fazer. Essa é a mentalidade grega[179] (mas não a socrática, pois Sócrates é ético [*Ethiker*] demais para isso). E o segredo da filosofia mais recente é exatamente o mesmo, pois é este *cogito ergo sum*[180], pensar é ser; (do ponto de vista cristão, ao contrário, se diz, faça-se conforme a tua fé[181], ou, assim como crês, assim tu és, crer é ser). A partir disso veremos que a filosofia mais recente não é nem mais nem menos do que paganismo. Mas isso ainda não é o pior; estar aparentado a Sócrates não é a posição mais baixa. Mas o que há de completamente não-socrático na filosofia mais recente é que ela quer iludir a si mesma e a nós de que é cristianismo.

No mundo da realidade, por outro lado, onde se fala do ser humano individual, há essa bem pequenina transição do ter compreendido ao fazer, ela não é sempre *cito citissime* [muito rápida], não é (se, na falta de linguagem filosófica, eu devo falar alemão) *geschwind wie der Wind* [rápida como o vento]. Ao contrário, aqui começa uma história muito longa.

Na vida do espírito não há paralisação [*Stilstand*] (propriamente também não há um estado [*Tilstand*], tudo é atualidade [*Actualitet*][182]); portanto, se uma pessoa não faz o que é o justo

---

179. *Græciteten*: a mentalidade grega, o mundo grego; a filosofia, a poesia e a arte da Grécia Antiga [N.T.].

180. *Penso, logo existo*. Cf. DESCARTES, R. *Discurso do método*, quarta parte [N.T.].

181. Cf. Mt 9,27-31; 8,13 [N.T.].

182. Segundo comentário de *SKS*, há aqui provavelmente também o sentido filosófico de ação, realização, alteração, movimento [N.T.].

no mesmo segundo em que reconheceu o justo – então, primeiramente, é jogada uma água fria na fervura do conhecimento. E depois vem a questão de o que a vontade acha daquilo que é conhecido. A vontade é algo dialético e tem, por seu turno, abaixo de si toda a natureza inferior do ser humano. Se a vontade não concorda com o que é conhecido, disso certamente não segue que ela siga em frente e faça o contrário daquilo que o entendimento compreendeu, contradições tão fortes com certeza acontecem muito raramente; mas então a vontade deixa passar um tempo, um ínterim que se chama: cuidaremos disso amanhã. Durante esse tempo o conhecimento se torna cada vez mais obscuro, e a natureza inferior vence |207| cada vez mais; ai, pois o bem deve ser feito imediatamente [strax], assim que é conhecido (e é por isso que na idealidade pura a transição do pensar ao ser é tão fácil, pois lá tudo acontece imediatamente), mas a natureza inferior tem a sua força no prolongar as coisas. Então aos poucos a vontade não se opõe mais a que isso aconteça, ela quase que fecha um olho para isso. E quando então o saber ficou devidamente obscurecido, então o entendimento e a vontade podem se entender melhor; por fim, estão completamente de acordo, pois agora o conhecimento passou para o lado da vontade e compreende que o modo como ela quer está totalmente certo. E é assim que talvez viva uma grande multidão de pessoas; elas trabalham gradualmente para obscurecer seu conhecimento ético e ético-religioso, o qual as levaria a decisões e consequências que a natureza inferior que há nelas não ama; ao contrário, elas expandem seu conhecimento estético e metafísico que, eticamente, é uma distração.

Todavia, com tudo isso ainda não fomos além do socrático; pois Sócrates diria: se algo assim acontece, então isso só mostra que uma tal pessoa ainda não entendeu o que é o justo [det Rette]. Isso significa que a mentalidade grega não tem coragem para afirmar que alguém que tenha conhecimento faça o injusto, que alguém que tenha conhecimento do que é o justo, faça o injusto; então ela se socorre dizendo: se alguém faz o injusto, não entendeu o que é o justo.

Totalmente correto, e nenhum *ser humano* consegue ir além disso; nenhum ser humano pode de si mesmo e por si mesmo afirmar o que é o pecado, precisamente porque está em pecado; toda a sua fala sobre o pecado é, no fundo, maquiagem do pecado, um desculpar-se, uma pecaminosa atenuação. Por isso, então, o cristianismo inicia de outro modo, afirmando que deve haver uma revelação da parte de Deus para esclarecer o ser humano sobre o que é o pecado, que o pecado não está no fato de uma pessoa não ter entendido o que é o justo, mas em que não queira entendê-lo e não queira o que é o justo.

Já no que diz respeito à distinção: não *ser capaz* de entender e não *querer* entender, Sócrates propriamente não esclarece nada, enquanto que, por outro lado, ele é o grande mestre de todos os irônicos ao operar por meio da distinção entre entender e entender. Sócrates explica que aquele que não faz o justo também não o entendeu; mas o cristianismo retrocede um pouquinho mais e diz que isso acontece porque ele não quer entender o justo, e isso novamente porque ele não quer o que é o justo[183]. E em seguida ele ensina que uma pessoa faz o injusto (obstinação propriamente dita) mesmo tendo entendido o que é o justo, ou que deixe de fazer o justo, embora o tenha entendido; |208| em resumo, a doutrina cristã do pecado não é nada além de puro agravo ao ser humano, acusação sobre acusação, é a alegação que o divino, como acusador, se permite depor contra o ser humano.

Mas pode uma pessoa compreender esse ensinamento cristão? De jeito nenhum, pois de fato é algo cristão e, portanto, envolve escândalo. Isso deve ser crido. Compreender é algo do âmbito do humano em relação ao humano; mas crer é a relação do humano para com o divino. Como então o cristianismo explica isso que é o inexplicável? Muito consequentemente, de um modo que é igualmente inexplicável, graças ao fato de que é revelado.

Entendido do ponto de vista cristão, portanto, o pecado está na vontade, não no conhecimento; e essa corrupção da vontade afeta a consciência do indivíduo. Isso é completamente consequente; pois, de outra maneira, a questão de como o pecado começou teria de ser colocada com relação a cada indivíduo.

---

183. Cf. Rm 7,14-21 [N.T.].

Aqui, novamente, está o sinal do escândalo. A possibilidade do escândalo está nisso: deve haver uma revelação de Deus para explicar ao ser humano o que é o pecado e a profundidade que atinge. O ser humano natural, o pagão, pensa assim: "tudo bem, eu admito que não aprendi todas as coisas do céu e da terra, se deve haver uma revelação, então deixemos ela nos explicar sobre as coisas celestes; mas que deva haver uma revelação para explicar o que é pecado, isso é o que há de mais absurdo. Não pretendo ser uma pessoa perfeita, longe disso, mas bem sei, e quero admitir, o quão longe da perfeição eu estou: não saberia eu, então, o que é pecado?" Mas o cristianismo responde: não, isso é o que tu menos sabes, o quão longe estás da perfeição e o que é pecado. – Note que de um ponto de vista cristão, pecado é de fato ignorância: é ignorância do que seja o pecado.

Portanto a definição de pecado dada no capítulo anterior ainda deve ser completada como segue: pecado é, depois de ter sido esclarecido por uma revelação de Deus sobre o que é o pecado, diante de Deus desesperadamente não querer ser si mesmo ou desesperadamente querer ser si mesmo.

|209|

Capítulo 3 Que o pecado não é uma negação, mas uma posição

Que isso seja assim é algo sobre o que a dogmática ortodoxa e a ortodoxia em geral sempre propugnaram[184], e recusaram como panteísta qualquer definição de pecado que fizesse dele algo apenas negativo: fraqueza, sensualidade, finitude, ignorância etc. A ortodoxia percebeu, muito corretamente, que a batalha deve ser lutada aqui, ou, para recordar a parte anterior, aqui o final deve

---

184. Cf., p. ex., *Fórmula de concórdia*: Declaração sólida – I: Do pecado original, 11. Cf. *Livro de concórdia*: As confissões da Igreja Evangélica Luterana. 5. ed. Trad. e notas de Arnaldo Schüler. São Leopoldo/Porto Alegre: Sinodal/Concórdia, 1997 (Editado pela Comissão Interluterana de Literatura – IECLB/IELB), p. 548 [N.T.].

ficar firme, é uma questão de resistir; a ortodoxia percebeu, corretamente, que quando o pecado é definido negativamente todo o cristianismo fica frouxo. É por isso que a ortodoxia insiste em que deve haver uma revelação de Deus para ensinar ao ser humano caído o que é o pecado, uma comunicação que, de modo muito consequente, deve ser crida, pois é um dogma. E, naturalmente, o paradoxo, a fé e o dogma, essas três determinações, formam uma aliança e um acordo que é a mais segura base e fortaleza contra toda sabedoria pagã.

Assim são as coisas com a ortodoxia. Então, através de um curioso mal-entendido, uma assim chamada dogmática especulativa[185], que se envolveu com a filosofia de modo certamente duvidoso, acreditou que podia *conceber* essa qualificação de que o pecado é uma posição. Mas se isso for verdadeiro, então o pecado é uma negação. O segredo de toda concepção é que esse conceber é, ele mesmo, superior a qualquer posição que estabelece. O conceito estabelece uma posição, mas o fato de que esta seja concebida significa precisamente que é negada. Ciente disso até certo ponto, a dogmática especulativa não conhecia outro recurso senão lançar um destacamento de asserções no ponto onde um movimento é feito, o que certamente é pouco apropriado a uma ciência filosófica. De modo cada vez mais solene, jurando e blasfemando cada vez mais, a gente assegura que o pecado é uma posição (*Position*), e que afirmar que o pecado é mera negação constitui panteísmo e racionalismo, e Deus sabe o que mais, mas que tudo isso é algo que a dogmática especulativa renuncia e abomina – e, em seguida, se faz a passagem para conceber que o pecado é uma posição. Ou seja, ele é uma posição só até certo ponto, não além daquilo que ainda pode ser compreendido.

|210| E esta mesma duplicidade da especulação se mostra também em um outro ponto, embora concernente a este. A definição

---

185. Provável alusão a Philipp Marheineke (1780-1846): *Die Grundlehren der christlichen Dogmatik als Wissenchaft* [Os fundamentos da Dogmática Cristã enquanto Ciência], cujos cursos Kierkegaard assistiu em Berlim, em 1841, ou a Hans Lassen Martensen (1808-1884), com quem Kierkegaard estudou "Dogmática Especulativa" entre 1837-1839. A obra *Den christelige Dogmatik*, de Martensen, foi publicada no mesmo ano de *A doença para a morte*, 1849 [N.T.].

de pecado, ou como o pecado é definido, é algo crucial para esta definição: arrependimento. Sendo que a negação da negação é tão especulativa, não há outra escolha, o arrependimento deve ser a negação da negação – e, assim, o pecado se torna negação. – Além disso, seria verdadeiramente desejável que em algum momento um pensador sóbrio explicasse até que ponto o puramente lógico, que recorda a primeira relação da lógica para com a gramática (duas negativas afirmam) e para com a matemática – até que ponto o lógico tem sua validade no mundo da realidade, no mundo das qualidades; se a dialética das qualidades não é completamente diferente; se a "transição" não desempenha um outro papel aqui. *Sub specie æterni, æterno modo* [sob o ponto de vista da eternidade, ao modo da eternidade] etc., de fato absolutamente não há espacialização, portanto tudo *é*, e absolutamente não há nenhuma transição. *Pôr*, nesse meio abstrato é, portanto, *eo ipso* o mesmo que *superar*. Mas considerar a realidade do mesmo modo é quase uma loucura. *In abstracto* pode também ser dito como: ao *Imperfectum* [pretérito imperfeito] segue o *Perfectum* [pretérito perfeito]. Mas se no mundo da realidade um homem fosse concluir, a partir disso, que seguiria por si só, e seguiria imediatamente, que um trabalho que ele deixou incompleto (*imperfectum*) se tornou completo, ele certamente seria louco. Mas o mesmo vale também para a assim chamada posição do pecado se o meio no qual ela é posta é o pensamento puro; esse meio é volátil demais para que a posição possa ser tomada com seriedade.

Mas nada disso me ocupa aqui. Eu apenas permaneço continuamente firme ao propriamente cristão, que o pecado é uma posição – contudo, não como se ele pudesse ser compreendido, mas como um paradoxo, no qual se deve crer. Segundo meus pensamentos, isso é o correto. Apenas quando se tornar evidente que todas as tentativas de compreender são autocontraditórias, só então a questão estará corretamente colocada, então se tornará claro que deve ser deixado à fé se alguém quer ou não quer crer. – Posso bem compreender (e de modo algum isso é divino demais para ser compreendido) que alguém que definitivamente precisa compreender, e que só pode pensar sobre o que se deixa compreender, ache isso muito pobre. Mas se todo o cristianismo depende disso, de que deve ser crido, e não compreendido, que *ou* deve ser crido, *ou* a pessoa deve se escandalizar: será o querer compreender, pois, algo assim tão meritório? Será meritório, ou não será, antes, insolência ou irreflexão querer compreender |211| aquilo que não quer ser compreendido? Se a um rei ocorre a ideia de querer ficar completamente incógnito, de em tudo ser tratado como um homem comum, será então o correto, só porque em geral parece às pessoas que render-lhe homenagem real é uma maior distinção, será que então o correto a fazer é render-lhe a homenagem? Ou não será justamente dar primazia a si mesmo e ao próprio pensamento, contra a vontade do rei, se a gente faz o que quer ao invés de se submeter? Ou, será que agradaria ao rei o quanto mais inventiva uma pessoa pudesse ser ao mostrar-lhe um respeito submisso (sendo que o rei não queria ser tratado daquela maneira), ou seja, o quanto mais inventiva uma pessoa pudesse ser ao agir contra a vontade do rei? – Então deixemos outros admirarem e louvarem aquele que finge ser capaz de compreender o cristianismo: eu considero uma tarefa totalmente ética, que talvez exija não pouca abnegação, nesses tempos tão especulativos, quando todos "os outros" estão ocupados em compreender, aí então admitir que a gente não é nem capaz de e nem obrigada a compreendê-lo. Todavia, é justamente isso o que esse tempo, o que a Cristandade, precisa: um pouco de ignorância socrática com relação ao propriamente cristão; mas, bem entendido, um pouco de ignorância "socrática". Nunca nos esqueçamos – mas quantos realmente já souberam disso ou pensaram nisso – nunca nos esqueçamos que a ignorância socrática era um tipo de temor e louvor a Deus, que a sua ignorância era a versão grega da afirmação judaica de que o temor do Senhor é o princípio da sabedoria[186]. Nunca nos esqueçamos que foi justamente por veneração à divindade que ele era ignorante, que ele, à medida que isso fosse possível a um pagão, como um *juiz* estava de guarda na fronteira entre Deus – e ser humano, vigiando para que o abismo da diferença qualitativa entre eles fosse mantido, entre Deus e ser humano, de modo que Deus e ser humano não se dissolvessem *philosophice, poetice* etc. num só. Vê, é por isso que Sócrates era

---

186. Cf. Sl 111,10 [N.T.].

o ignorante, e é por isso que a divindade o reconheceu como o mais sábio de todos[187]. – Mas o cristianismo ensina que tudo o que é essencialmente cristão existe unicamente para a fé; por isso ele quer ser precisamente uma ignorância socrática, temente a Deus, que por meio da ignorância defende a fé contra a especulação, vigiando para que o abismo da diferença qualitativa entre Deus e ser humano possa ser mantido como é no paradoxo e na fé, que Deus e ser humano, de modo ainda mais terrível, como nunca houve no paganismo, não se dissolvam *philosophice, poetice* etc. num só – no sistema.

Apenas por um lado se pode falar aqui em explicar que o pecado é |212| uma posição. Na apresentação do desespero, na primeira parte, foi mostrado constantemente um aumento. A expressão desse aumento era, em parte, a intensificação da consciência do si-mesmo e, em parte a intensificação do passivo à ação consciente. Essas duas expressões, juntas, são a expressão de que o desespero não vem de fora, mas de dentro. E na mesma graduação ele também se torna cada vez mais positivo [*ponerende*]. Mas de acordo com a definição de pecado apresentada anteriormente, faz parte do pecado o si-mesmo infinitamente intensificado pela concepção de Deus, e assim, por sua vez, a maior consciência possível do pecado como um ato. – Essa é a expressão de que o pecado é uma posição, e que ele seja *diante de Deus* é justamente o elemento positivo que há nele.

Além disso, a determinação de que o pecado é uma posição tem em si, em um sentido completamente diferente, a possibilidade do escândalo, o paradoxal. O paradoxal é, com efeito, a consequência da doutrina da redenção. Primeiramente o cristianismo estabelece o pecado tão firmemente como uma posição, que o entendimento humano nunca pode compreendê-lo; e então é essa mesma doutrina cristã que novamente se encarrega de eliminar essa posição, de tal modo que o entendimento humano nunca possa compreendê-la. A especulação, que se livra dos paradoxos com conversa fiada, diminui um pouquinho em ambos os lados, e então tudo vai mais fácil: ela não faz do pecado algo

---

187. Cf. PLATÃO. *Apologia de Sócrates*, 21a [N.T.].

assim totalmente positivo – e, contudo, não consegue pôr na cabeça que o pecado possa ser completamente esquecido. Mas o cristianismo, que é o primeiro inventor dos paradoxos, é, também neste ponto, tão paradoxal quanto possível; ele parece estar trabalhando contra si mesmo ao estabelecer o pecado de modo tão firme como uma posição, que agora parece completamente impossível eliminá-lo novamente – e então é esse mesmo cristianismo que, pela redenção, quer eliminar o pecado tão completamente como se ele fosse lançado no fundo do mar[188].

Apêndice de A: Mas então em certo sentido o pecado não se torna uma grande raridade? (a moral)

Na primeira parte foi lembrado que quanto mais intenso o desespero se torna, tanto mais raro ele é no mundo. Mas se agora o pecado é o desespero mais uma vez qualitativamente intensificado, deverá ser ele, então, algo |213| muito raro? Que dificuldade estranha! O cristianismo coloca tudo sob o pecado[189]; tentamos apresentar o ponto de vista do cristianismo tão rigorosamente quanto possível: e então surge esse estranho resultado, o estranho resultado de que o pecado é algo que absolutamente não se encontra no paganismo, mas apenas no judaísmo e no cristianismo, e nestes, ainda, muito raramente.

Contudo as coisas são assim, mas apenas em um entendimento específico, bem corretamente no seguinte sentido. Pecar é, "depois de ter sido esclarecido por uma revelação de Deus sobre o que é o pecado, diante de Deus desesperadamente não querer ser si mesmo ou desesperadamente querer ser si mesmo" – e de fato raramente há uma pessoa tão madura, tão transparente a si mesma, que isso se aplique a ela. Mas e o que se segue disso? Sim, deve-se tomar muito cuidado, pois aqui há uma mudança dialética especial. Disso não seguia que uma pessoa que não estivesse desesperada no sentido mais intenso do desespero, disso certamente não seguia que ela não estivesse desesperada. Ao contrário, foi

---

188. Alusão a Mq 7,19 [N.T.].
189. Cf. Gl 3,22 [N.T.].

especificamente mostrado que a maior parte, de longe a maior parte das pessoas, está desesperada, mas em um nível mais baixo de desespero. Mas também não há nenhum mérito em estar desesperado em um nível mais alto. Esteticamente é uma vantagem, pois esteticamente há preocupação apenas com o vigor; mas eticamente o desespero mais intenso está mais distante da salvação do que o inferior.

E o mesmo vale também para o pecado. A vida da maioria das pessoas, determinada pela dialética da indiferença, está tão distante do bem (a fé), que é quase a-espiritual demais para ser chamada de pecado, sim, quase a-espiritual demais para ser chamada de desespero.

Ser um pecador, em sentido estrito, é algo que certamente está longe de ser meritório. Mas, por outro lado, onde no mundo se poderia encontrar uma consciência essencial do pecado (e, note-se, isso é certamente o que o cristianismo quer ter) em uma vida assim tão imersa em trivialidade e em macaquear conversas tolas dos "outros", a ponto de quase não se poder chamá-la de pecado, uma vida que é a-espiritual demais para ser chamada pecado e é digna apenas, como diz a escritura, de ser "vomitada"?[190]

Mas com isso a questão ainda não está resolvida, pois então a dialética do pecado apenas volta a apreendê-la de um outro modo. Como acontece que a vida de uma pessoa se torne tão a-espiritual que é como se o cristianismo não pudesse ser posicionado em relação com ela, assim como quando um macaco mecânico (e assim como é com um macaco mecânico, assim também é a elevação do cristianismo) não pode ser posicionado, |214| porque não há um terreno firme, mas apenas pântano e lodaçal? Será isso algo que sucede a uma pessoa? Não, a culpa é da própria pessoa. Ninguém nasce desprovido de espírito; e não importa quantos vão para a morte com essa a-espiritualidade como o único resultado de suas vidas – isso não é culpa da vida.

Mas deve ser dito, e tão francamente quanto possível, que a assim chamada Cristandade (na qual todos são cristãos aos mi-

---

190. Cf. Ap 3,16 [N.T.].

lhões, sem mais nem menos, de modo que há tantos, exatamente tantos cristãos quanto há pessoas) não é apenas uma edição ruim do propriamente cristão, cheia de erros tipográficos que distorcem o significado e de omissões e inserções irrefletidas, mas é um abuso, um tomar o cristianismo em vão[191]. Em um pequeno país, dificilmente nascem três poetas a cada geração, mas há uma abundância de pastores, muito mais do que aqueles que conseguem encontrar uma ocupação. Com relação a um poeta fala-se em ter um chamado[192]; com relação a tornar-se pastor, na opinião da maioria das pessoas (portanto, dos cristãos), passar em um exame é o suficiente. E, contudo, contudo, um verdadeiro pastor é ainda mais raro do que um verdadeiro poeta; todavia, a palavra "chamado" pertencia originalmente à devoção[193]. Mas em relação a ser poeta, contudo, na Cristandade ainda se manteve uma noção de que isso é alguma coisa, e de que há algo no fato de ser um chamado. Ser pastor, por outro lado, é algo que, aos olhos da maioria das pessoas (portanto, dos cristãos), é destituído de qualquer noção elevada, sem o menor mistério, *in puris naturalibus* [bem naturalmente, sem rodeios], um modo de ganhar a vida. "Chamado" significa uma nomeação oficial; fala-se de receber um chamado, mas ter um chamado – sim, disso também se fala, de alguém que tem um chamamento [para um cargo] disponível.

Ai, o destino dessa palavra na Cristandade é como um mote para todo o propriamente cristão. A infelicidade não é que não se fale daquilo que é cristão (portanto, a infelicidade também não é que não haja suficientes pastores); mas que se fale dele de modo que, por fim, a maioria das pessoas não pense nada a respeito (assim como a maioria não considera o ser pastor diferente das atividades diárias de ser comerciante, advogado, encadernador, veterinário etc.), então as coisas mais elevadas e mais sagradas não causam nenhuma impressão, mas são pronunciadas e ouvi-

---

191. *Forfængelig*: vaidoso, pretensioso, vão. O termo remete ao mandamento bíblico, em Ex 20,7, como traduzido na edição de 1830 da Bíblia dinamarquesa: "Du skal ikke tage HERRENS din Guds navn forfængeligen" / "Não tomarás o nome do SENHOR, teu Deus, em vão" [N.T.].

192. *Kald*: chamado ou vocação [N.T.].

193. Cf. 1Cor 7,20; 2Pd 1,10 [N.T.].

das como algo que agora, sabe lá Deus porquê, se tornou uso e costume, como tantas outras coisas. Que maravilha, então, que – ao invés de achar a sua própria conduta indefensável – acham necessário defender o cristianismo. –

|215| Um pastor certamente deveria ser um crente. Um crente! E um crente, afinal, é um apaixonado[194]; sim, o mais apaixonado de todos os apaixonados no fundo é, quanto ao entusiasmo, apenas como um jovem em comparação com um crente. Imagina agora um apaixonado. Não é verdade que, dia após dia, durante todo o dia e durante toda a noite, ele seria capaz de falar da pessoa amada? Mas acreditas que lhe ocorreria a ideia, acreditas que seria possível, não acreditas que lhe seria como algo repulsivo falar de modo que ele se esforçasse por demonstrar com três razões que, de fato, há algo pelo que estar apaixonado – mais ou menos como quando o pastor demonstra por três razões que orar é benéfico, pois orar é algo que teve seu preço tão rebaixado que três razões devem ser apresentadas para ajudar um pouquinho a sua reputação? Ou então é como quando o pastor, e isso é a mesma coisa, só que ainda mais ridículo, prova que orar é uma beatitude que excede todo o entendimento[195]. Ah, que anticlímax impagável, que algo que excede todo o entendimento é demonstrado por três – razões, as quais, se servem para alguma coisa, então certamente não excedem todo o entendimento e, bem ao contrário, devem tornar claro ao entendimento que essa beatitude de modo algum ultrapassa todo o entendimento; pois "razões", afinal, estão no âmbito do entendimento. Não, pois aquilo que excede todo o entendimento – e para aquele que crê, três razões não significam mais do que três garrafas ou três cervos! – e, continuando, tu acreditas que ocorreria a um amante conduzir uma defesa do seu estar apaixonado, ou seja, admitir que para ele isso não seria o absoluto, incondicionalmente o absoluto, mas que ele pensava sobre o assunto junto com os argumentos contrários, do que resultaria a defesa; ou seja, acreditas que ele poderia ou quereria confessar que não estava apaixonado, tornar manifesto que não estava

---

194. *Forelsket*: namorado/a; enamorado/a; apaixonado/a [N.T.].
195. Alusão a Fl 4,7 [N.T.].

apaixonado? E se alguém sugerisse ao apaixonado que ele falasse assim, não achas que ele tomaria essa pessoa por louca? E se além de estar apaixonado ele fosse também um pouco observador, não achas que suspeitaria que a pessoa que lhe sugerisse isso nunca soube o que é estar apaixonado, ou estaria querendo que ele traísse e negasse a sua paixão – ao defendê-la? – Não é óbvio, contudo, que àquele que realmente está apaixonado nunca poderia ocorrer a ideia de querer provar isso com três razões ou defender isso? Pois ele é mais do que todas as razões e do que cada defesa, ele é um apaixonado. E aquele que age assim |216| não é um apaixonado; ele apenas finge sê-lo, e infelizmente – ou felizmente – é tão estúpido que apenas denuncia que não é um apaixonado.

Mas é justamente assim que se fala do cristianismo – pelos pastores crentes; ou "defendendo" o cristianismo ou transpondo-o em "razões", isso quando, de modo desajeitado, também não se o "compreende" especulativamente; isso é chamado de pregar, e na Cristandade já se considera grande coisa que se pregue assim e que alguém o escute. E precisamente por isso a Cristandade está (essa é a prova) tão longe de ser aquilo que ela chama a si mesma, que a vida da maioria das pessoas, entendida do ponto de vista cristão, é até mesmo a-espiritual demais para, no sentido rigorosamente cristão, ser chamada de pecado.

|217|

B
A CONTINUAÇÃO DO PECADO

Cada estado no pecado é um novo pecado; ou, como deve ser expresso mais exatamente, e será expresso na próxima seção, o estado no pecado é o novo pecado, é o pecado. Talvez ao pecador isso pareça um exagero; no máximo ele reconhece que cada novo pecado atual [*aktuel*] é um novo pecado. Mas a eternidade, que mantém a conta dele, deve registrar o estado no pecado como um novo pecado. Ela tem apenas duas rubricas, e "tudo o que não provém da fé é pecado"[196]; cada pecado sem arrependimento é um novo pecado e cada momento que ele permanece sem arrependimento é um novo pecado. Mas quão rara é a pessoa que tem continuidade com relação à consciência de si mesma! Via de regra, as pessoas são conscientes de si apenas momentaneamente, conscientes nas grandes decisões, mas o cotidiano elas definitivamente não levam em consideração; assim elas são espírito uma vez por semana, por uma hora – o que com certeza é um modo bem bestial [*bestialsk*] de ser espírito. Contudo, a eternidade é a continuidade essencial, e exige essa continuidade de uma pessoa, ou seja, que ela seja consciente de ser espírito e que tenha a fé. O pecador, ao contrário, está de tal modo em poder do pecado, que não tem nenhuma noção da determinação total do pecado, de que ele está perdido e no caminho para a perdição[197]. Ele leva em conta apenas cada novo pecado particular que parece lhe dar novo ímpeto no caminho da perdição, como se no momento anterior já não estivesse andando por esse caminho com a velocidade de todos os seus pecados an-

---

196. Alusão a Rm 14,23 [N.T.].
197. Alusão a Mt 7,13 [N.T.].

teriores. O pecado se tornou algo tão natural para ele, ou o pecado se tornou a sua segunda natureza, que ele acha que o cotidiano está completamente em ordem e ele mesmo se detém apenas por um momento, cada vez que por um novo pecado ele encontra, por assim dizer, um novo impulso. Na sua perdição |218| ele está cego para o fato de que a sua vida, ao invés de ter a continuidade essencial da eternidade ao estar diante de Deus na fé, tem a continuidade do pecado.

"A continuidade do pecado", mas o pecado não é justamente o descontínuo? Vê, aqui retorna novamente a visão de que o pecado é apenas uma negação que nunca se adquire por usucapião, assim como também não se pode adquirir mercadorias roubadas por usucapião, uma negação, uma tentativa impotente de se constituir, o que, contudo, sofrendo todo o tormento da impotência em obstinação desesperada, não se consegue fazer. Sim, é assim que são as coisas com o especulativo; mas, do ponto de vista cristão (isso deve ser crido, já que, de fato, é o paradoxo que nenhuma pessoa consegue compreender), o pecado é uma posição que por si mesma desenvolve uma continuidade cada vez mais estabelecida [*ponerende*].

E a lei para o crescimento dessa continuidade também é outra que a do aumento de um débito ou de uma negação. Pois um débito não cresce por não ser pago, ele cresce a cada vez que é ampliado. Mas o pecado cresce a cada instante em que a gente não sai dele. O pecador está tão longe quanto possível de ter razão ao considerar apenas cada novo pecado como um aumento no pecado que, entendido do ponto de vista do cristianismo, o estado no pecado é realmente um pecado maior, é o novo pecado. Há até um provérbio que diz que pecar é humano, mas permanecer no pecado é diabólico; mas, do ponto de vista cristão, esse provérbio certamente deve ser entendido de um modo um pouco diferente. A mera consideração incoerente, que apenas olha para o novo pecado e salta por cima do que fica entre, do que fica entre os pecados particulares, é uma consideração tão superficial quanto achar que um trem se move apenas quando a locomotiva solta fumaça. Não, o soltar fumaça e o avanço que daí segue não são propriamente o que deveria ser observado, mas sim a velocidade constante com a qual a locomotiva segue, e que produz a fumaça. E assim são as coisas com o pecado. No sentido mais profundo, o estado no pecado é o pecado; os pecados particulares não são a continuação do pecado, mas a expressão da continuação do pecado; no novo pecado particular a velocidade do pecado apenas se torna mais perceptível.

O estado no pecado é um pecado pior do que os pecados particulares, é o pecado. E, assim entendido, vigora que o estado no pecado é a continuação do pecado, é um novo pecado. Geralmente se entende isso de outro modo, se entende que um pecado gera um novo pecado a partir de si mesmo. Mas isso tem uma razão muito mais profunda, qual seja, a de que o estado no pecado é um novo |219| pecado. É psicologicamente magistral o que Shakespeare faz Macbeth dizer (Ato III, Cena II): *Sündentsproßne Werke erlangen nur durch Sünde Kraft und Stärke.* [Obras germinadas em pecado adquirem poder e força somente através do pecado][198]. Em outras palavras, no interior de si mesmo o pecado tem uma coerência, e nessa coerência interna no mal ele também tem uma certa força. Mas nunca se chega a uma tal consideração se se observa apenas pecados isolados.

A maioria das pessoas certamente vive com uma consciência pequena demais de si mesma para ter uma noção do que é coerência; ou seja, elas não existem *qua* [enquanto] espírito. As suas vidas, ou em uma certa infantil, amável ingenuidade, ou em estupidez, consistem em algum tipo de ação, em algum acontecimento, nisso ou naquilo: agora elas fazem algo bom, depois fazem algo ruim, e então começam tudo de novo; agora elas estão desesperadas por uma tarde, talvez por três semanas, mas então aparecem joviais novamente, e então novamente desesperadas por um dia. Elas vão brincando com a vida, por assim dizer, mas nunca experimentam o juntar tudo isso, nunca chegam à ideia de uma

---

198. Como de costume, Kierkegaard cita Shakespeare a partir de tradução alemã. Em inglês: "Things bad begun make strong themselves by ill". Em tradução para o português, a partir do original: "Coisas pérfidas, depois de paridas, só fazem crescer, cada vez mais fortes, alimentadas pelo mal" (SHAKESPEARE, W. *Macbeth*. Trad. de Beatriz Viegas-Faria. Porto Alegre: L&PM Pocket, 2012, p. 64) [N.T.].

coerência interna infinita. É por isso que entre elas só se fala de coisas avulsas, boas obras avulsas, pecados avulsos.

Toda existência que está sob a determinação do espírito, mesmo que por sua própria conta e risco, tem uma coerência essencial em si mesma e uma coerência em algo mais elevado, pelo menos em uma ideia. Mas uma tal pessoa teme infinitamente qualquer incoerência, pois ela tem uma concepção infinita do que pode ser a consequência, que ela poderia ser arrancada da totalidade na qual tem a sua vida. A mínima incoerência é uma perda enorme, pois, afinal, ela perde justamente a coerência; no mesmo instante talvez o encanto seja quebrado, o poder misterioso que unia harmonicamente todas as suas forças enfraqueceu, a mola perdeu a tensão, talvez tudo tenha se tornado um caos onde as forças lutam umas contra as outras, para o sofrimento do si-mesmo, um caos onde não há nenhum, nenhum acordo consigo mesmo, nenhuma velocidade, nenhum *impetus*. A enorme maquinaria, que na coerência era tão complacente na sua força de aço, tão flexível em toda a sua força, agora está em desordem; e quanto melhor, quanto mais grandiosa era a maquinaria, tanto mais terrível é a confusão. – O crente, que, portanto, descansa e tem a sua vida na coerência do bem, tem um medo infinito, mesmo que do menor pecado; pois ele tem infinitamente [muito] a perder. As pessoas imediatas, as infantis ou pueris, não têm nenhuma totalidade a perder; elas sempre perdem e ganham apenas no avulso ou alguma coisa avulsa.

|220| Mas assim como são as coisas com o crente, assim também com a imagem oposta, o demoníaco, com relação à coerência interna do pecado. Assim como o ébrio, que se mantém constantemente em um estado de embriaguez, dia após dia, por medo da parada, da debilidade que sucederia e de suas possíveis consequências, se algum dia ele ficasse completamente sóbrio, assim também são as coisas com o demoníaco. Sim, como a pessoa boa, se alguém se aproximasse tentadoramente, apresentando o pecado em uma de suas figuras sedutoras, lhe pediria: "não me tentes", assim também se tem muitos exemplos de situações que são exatamente as mesmas com relação ao demoníaco. Diante de alguém mais forte do que ele no bem, o demoníaco pode, quando aquela pessoa quer apresentar o bem na sua abençoada sublimi-

dade, pode implorar, pode implorar com lágrimas nos olhos, que a pessoa não lhe dirija a palavra, que a pessoa, como ele diria, não o enfraqueça. Precisamente porque o demoníaco é coerente consigo mesmo e com a coerência do mal, precisamente por isso ele também tem uma totalidade a perder. Um único instante fora de sua coerência, uma única imprudência dietética, um único olhar distraído, um único momento de olhar e entender o todo, ou apenas parte dele, de outro modo, e talvez nunca mais viesse a ser ele mesmo de novo, é o que ele diz. Em outras palavras, ele desesperadamente abandonou o bem, este, de qualquer modo, não pode ajudá-lo; mas certamente poderia atrapalhá-lo, poderia tornar impossível a ele adquirir novamente a plena velocidade da coerência, poderia torná-lo fraco. Apenas na continuação do pecado ele é si mesmo, apenas nisso ele vive e tem uma impressão de si mesmo. Mas o que isso quer dizer? Quer dizer que o estado no pecado é aquilo que, lá na profundeza em que ele se afundou, o mantém unido, fortalecendo-o de modo ímpio[199] com a sua coerência; não é o novo pecado particular que o ajuda (sim, isso é terrivelmente insensato!), mas o novo pecado particular é apenas a expressão do estado no pecado, que efetivamente é o pecado.

Com "a continuação do pecado", da qual agora devemos tratar, não se pensa tanto nos novos pecados particulares quanto no estado no pecado, que, por sua vez, se torna a intensificação do pecado em si mesmo, uma permanência no estado no pecado tendo consciência disso, de modo que a lei para o movimento na intensificação, aqui, como em qualquer outro lugar, é em direção ao interior, em uma consciência cada vez mais intensa.

|221|

A. O pecado de desesperar sobre o próprio pecado

Pecado é desespero; a intensificação é o novo pecado de desesperar sobre o próprio pecado. Percebe-se facilmente, também, que esta é uma categoria da intensificação; não se trata de um novo

---

199. *Ugudeligt*: impiamente, de modo sacrílego [N.T.].

pecado, como quando alguém roubou cem táleres e então rouba mil táleres na próxima vez. Não, aqui não se fala de pecados particulares; o estado no pecado é o pecado, e ele é intensificado em uma nova consciência.

Desesperar sobre o próprio pecado é a expressão de que o pecado se tornou ou quer ser coerente em si mesmo. Este não quer ter nada a ver com o bem, não quer ser tão fraco para, de vez em quando, escutar alguma outra conversa. Não, ele quer ouvir apenas a si mesmo, quer ter a ver apenas consigo mesmo, se fecha dentro de si mesmo, sim, se tranca dentro de mais um fechamento e, graças ao desespero sobre o pecado, se assegura contra cada ataque ou perseguição do bem. Ele está ciente de ter destruído a ponte atrás de si e, assim, de estar inacessível ao bem e o bem inacessível a ele, de modo que se, em algum momento de fraqueza, ele quisesse o bem, isso seria, todavia, impossível. O próprio pecado é separação do bem, mas desespero sobre o pecado é separação por uma segunda vez. Naturalmente isso extrai do pecado as derradeiras forças do demoníaco, dá a ele a ímpia robustez ou obstinação de dever coerentemente considerar tudo o que se chama arrependimento, e tudo o que se chama graça, não apenas como vazio e sem sentido, mas também como seu inimigo, como algo com relação a que se deve fazer, antes de mais nada, uma defesa, tal como a pessoa boa se defende da tentação. Assim compreendida, é correta a fala de Mefistófeles (no *Fausto*), de que nada é mais miserável do que um diabo que desespera[200]; pois por desesperar deve-se entender aqui o querer ser suficientemente fraco para ouvir algo sobre arrependimento e graça. Para descrever a intensificação na relação entre pecado e desespero sobre o pecado poder-se-ia dizer que o primeiro é a ruptura com o bem, o segundo a ruptura com o arrependimento.

Desespero sobre o pecado é uma tentativa de conservar-se afundando ainda mais; assim como aquele que sobe em um balão o faz lançando pesos para fora, assim também o desesperado afunda ao, de modo cada vez mais determinado, lançar de si todo

---

200. GOETHE. *Fausto*, Primeira parte, Cena 14 (Floresta e caverna), último verso [N.T.].

o bem (pois o peso do bem é elevação), ele afunda, mas acredita que certamente está subindo – e de fato ele está ficando mais |222| leve. O próprio pecado é a batalha do desespero, mas então, quando todas as forças estão esgotadas, deve haver uma nova intensificação, um novo fechamento demoníaco em si mesmo: é o desespero sobre o pecado. Isso é um avanço, uma elevação no demoníaco e, certamente, uma imersão no pecado. É uma tentativa de dar postura e interesse ao pecado, como uma força por estar eternamente decidido a nada ouvir sobre arrependimento e nada sobre graça. E, no entanto, o desespero sobre o pecado é consciente exatamente do seu próprio vazio, de que ele não tem o mínimo para viver, nem mesmo o seu si-mesmo, segundo a noção que tem dele. Há uma fala psicologicamente magistral de Macbeth (Ato II, Cena II): *von jetzt* [a partir de agora] (depois de ter assassinado o rei – e agora ele desespera sobre o seu pecado) *giebt es nichts Ernstes mehr im Leben; Alles ist Tand, gestorben Ruhm und Gnade* [não há mais nada de sério na vida; tudo é futilidade, estão mortas reputação e graça][201]. O que é o magistral é o golpe duplo nas últimas palavras (*Ruhm* und *Gnade*). Pelo pecado, ou seja, ao desesperar sobre o pecado, ele perdeu toda a relação com a graça – e também consigo mesmo. Seu si-mesmo egoísta culmina na ambição. Agora ele de fato se tornou rei, e, contudo, quando desespera sobre o seu pecado e da realidade [*Realitet*] do arrependimento, da graça, ele também perdeu a si mesmo; ele nem mesmo consegue se manter por si mesmo, e está tão longe de desfrutar o seu si-mesmo na ambição quanto de agarrar a graça.

* * *

Na vida (à medida que o desespero sobre o pecado é encontrado na vida; mas, em todo o caso, se encontra algo que as pessoas nomeiam como tal) frequentemente veem-se más compreensões

---

201. No original esses versos se encontram no Ato II, Cena III. Em inglês: "from this instant, / There's nothing serious in mortality: / All is but toys: renown, and grace, is dead". Em tradução para o português, a partir do original: "A partir deste instante, nada há de sério na mortalidade. Tudo são ninharias. A honra e a graça divina estão mortas [...]". (SHAKESPEARE, W. *Macbeth*. Trad. de Beatriz Viegas-Faria. Porto Alegre: L&PM POCKET, 2012, p. 49) [N.T.].

com relação ao desespero sobre o pecado, presumivelmente porque no mundo em geral a gente só se preocupa com leviandade, irreflexão e com a pura estupidez, e, por isso, via de regra, a gente se torna bastante solene e, com reverência, tira o chapéu para qualquer manifestação de algo mais profundo. Ou por confusa falta de clareza sobre si mesmo e sobre seu significado, ou por um toque de hipocrisia, ou com ajuda da astúcia e da sofística que todo desespero traz consigo, o desespero sobre o pecado não é avesso a dar-se a aparência de ser algo bom. Então ele quer ser a expressão de uma natureza profunda que, portanto, leva o próprio pecado tão a peito. Darei um exemplo. Quando um homem que tivesse sido dado a um ou outro pecado, mas então por um longo tempo tivesse |223| resistido à tentação e a vencido – quando ele tem uma recaída e novamente afunda na tentação, então o desânimo que toma conta de modo algum será sempre tristeza sobre o pecado. Pode ser algo bem diferente; no que diz respeito a esse caso, pode ser um ressentimento contra a divina Providência, como se fosse por causa dela que ele caiu em tentação, como se ela não devesse ter sido tão dura com ele, já que agora por um tempo tão longo ele resistiu vitoriosamente à tentação. Mas em todo o caso é completamente efeminado considerar, sem mais nem menos, essa tristeza sobre o pecado como algo bom, não estar nem um pouco consciente da duplicidade de sentido presente em toda passionalidade, que, por sua vez, é o pressentimento que pode fazer o apaixonado entender posteriormente, às vezes quase chegando à loucura, que ele disse o oposto do que acreditava ter dito. Uma tal pessoa assegura, talvez com expressão cada vez mais forte, o quanto essa recaída a atormenta e aflige, o quanto a leva ao desespero, e então diz: "nunca me perdoarei por isso". E tudo isso deve ser a expressão de quanto bem há nela, que natureza profunda ela tem. Isso é uma mistificação. Eu deliberadamente coloquei uma deixa na minha exposição, "eu nunca me perdoarei por isso", uma expressão normalmente ouvida em relação a essa questão. E justamente com essa expressão a gente também pode imediatamente se orientar dialeticamente. Ele nunca perdoará a si mesmo – mas se agora Deus o perdoasse, bem, ele certamente poderia ter a bondade de perdoar a si mesmo. Não, o seu desespero sobre o pecado – e justamente tanto mais quanto mais se enfurece na paixão da expressão, na qual ele se revela (a última coisa que imagina), dizendo que "nunca se perdoará" por ter pecado assim (pois esse discurso é exatamente o contrário da contrição penitente que ora a Deus pelo perdão) – está muito longe de ser uma determinação do bem, é uma determinação mais intensa do pecado, cuja intensificação é uma imersão no pecado. A questão é essa, durante o tempo em que resistiu vitoriosamente à tentação, ele pareceu, a seus próprios olhos, como melhor do que realmente era, ficou orgulhoso de si mesmo. É no interesse desse orgulho que o passado deve ser agora algo completamente deixado para trás. Mas, nessa recaída, o passado de repente se torna novamente algo completamente presente. O seu orgulho não consegue suportar essa lembrança, e esse é o motivo da sua profunda aflição etc. Mas a direção tomada pela aflição é abertamente para longe de Deus, um egoísmo e orgulho secretos, ao invés de humildemente começar a humildemente agradecer a Deus por este tê-lo ajudado a resistir à tentação por um tempo tão |224| longo, ao reconhecer diante de Deus e de si mesmo que isso já é muito mais do que ele merecia e, assim, se humilhar sob a recordação de como ele havia sido.

Aqui, como em todo lugar, está o que os velhos textos edificantes[202] explicam tão profundamente, com tanta experiência, de modo tão instrutivo. Eles ensinam que Deus às vezes permite ao crente tropeçar e cair em uma ou outra tentação – precisamente para humilhá-lo e, com isso, torná-lo mais forte no bem; o contraste entre a recaída e o talvez significante avanço no bem é muito humilhante, a identidade consigo mesmo é muito dolorosa. Quanto melhor um ser humano é, tanto mais agudamente doloroso, naturalmente, é cada pecado, e tanto mais perigoso, se ele não tomar a direção certa, é o menor vestígio de impaciência. Talvez por causa da sua tristeza ele possa afundar na mais escura melancolia – e um conselheiro espiritual insensato pode não estar longe de admirar sua alma profunda e a força que o bem tem nele – como se isso viesse do bem. E a sua esposa, bem, ela se sente profundamente humilhada em comparação com um homem tão sério e santo, que

---

202. Segundo comentário de *SKS*, referência a autores como Johann Tauler (1300-1361), Thomas a Kempis (1380-1471), Johann Arndt (1555-1621) [N.T.].

consegue lamentar assim sobre o pecado. Talvez a sua fala também seja ainda mais enganadora, talvez ele não diga: eu nunca me perdoarei (como se porventura tivesse perdoado seus próprios pecados anteriormente; uma blasfêmia), não, ele diz que Deus nunca pode perdoá-lo. Ai, e isso é apenas uma mistificação. A sua tristeza, as suas preocupações, o seu desespero, são egoístas (assim como a angústia do pecado, que algumas vezes quase conduz um ser humano angustiantemente para o pecado, porque é o amor-próprio que quer ser orgulhoso de si mesmo, de ser sem pecado), e consolo é o que ele menos precisa; portanto a enorme quantidade de razões para conforto, que os conselheiros espirituais prescrevem, apenas torna a doença pior.

|225|

B. O pecado de desesperar do* perdão dos pecados (escândalo)

A intensificação na consciência do si-mesmo é aqui o conhecimento de Cristo, um si-mesmo diretamente diante de Cristo. Primeiro veio (na primeira parte) a ignorância de ter um si-mesmo eterno; então, o conhecimento de ter um si-mesmo no qual há algo eterno. Então foi mostrado (na passagem para a segunda parte) que essa diferença está incluída sob o si-mesmo que tem uma concepção humana de si mesmo, ou cuja meta é o ser humano. A oposição a isso foi: um si-mesmo diretamente diante de Deus, e isso constituiu a base para a definição de pecado.

Agora vem um si-mesmo diretamente diante de Cristo, um si-mesmo que desesperadamente ainda não quer ser si mesmo ou desesperadamente quer ser si mesmo. Pois o desespero do perdão dos pecados deve ser referido a uma ou a outra forma de desespero, a da fraqueza ou a da obstinação: da fraqueza, que, escandalizada, não ousa crer; da obstinação, que, escandalizada, não quer

---

* Note-se a distinção entre desesperar *sobre* o próprio pecado e desesperar *do* perdão dos pecados.

crer. Mas aqui fraqueza e obstinação são o oposto daquilo que normalmente são (pois aqui, de fato, não se fala sobre ser si mesmo sem mais nem menos, mas sobre ser si mesmo na categoria de ser pecador, portanto, si mesmo na categoria da própria imperfeição). Normalmente fraqueza é: desesperadamente não querer ser si mesmo. Aqui isso é obstinação; pois aqui isso é justamente a obstinação de não querer ser si mesmo, o que se é, um pecador, e, por essa razão, querendo dispensar o perdão dos pecados. Normalmente obstinação é: desesperadamente querer ser si mesmo. Aqui isso é fraqueza, desesperadamente querer ser si mesmo, um pecador, de modo que não haja nenhum perdão.

Um si-mesmo diretamente diante de Cristo é um si-mesmo intensificado pela enorme concessão de Deus, intensificado pela enorme ênfase que recai sobre ele por isso, porque Deus, por causa desse si-mesmo, se dignou nascer, tornar-se humano, sofrer, morrer. Como foi dito anteriormente: quanto maior a concepção de Deus, tanto mais si-mesmo, então aqui vale o seguinte: quanto maior a concepção de Cristo, tanto mais si-mesmo. Um si-mesmo é qualitativamente o que é a sua medida. Que Cristo seja a medida é a expressão, |226| atestada por Deus, de que enorme realidade [*Realitet*] um si-mesmo tem; pois apenas em Cristo é verdadeiro que Deus é a meta e a medida do ser humano, ou a medida e a meta. – Mas quanto mais si-mesmo, tanto mais intenso é o pecado.

A intensificação no pecado pode ser mostrada também por outro lado. Pecado era desespero; a intensificação era desespero sobre o pecado. Mas agora Deus oferece reconciliação no perdão dos pecados. Contudo, o pecador desespera, e o desespero adquire uma expressão ainda mais profunda; este se relaciona agora de um certo modo a Deus, e, no entanto, isso acontece exatamente porque este está ainda mais distante, ainda mais intensamente mergulhado no pecado. Quando o pecador desespera do perdão dos pecados é quase como se ele afrontasse diretamente a Deus, isso de fato soa dialógico, este: "não, não existe nenhum perdão dos pecados, isso é uma impossibilidade"; isso parece uma luta corpo a corpo. Contudo, o ser humano deve afastar-se de Deus com uma distância qualitativa para poder dizer isso, e para que isso seja ouvido, e para lutar *cominus* [em luta corporal] ele precisa estar *eminus* [a distância] – de modo tão maravilhoso é construída no sentido acústico a existência do espírito, de modo tão maravilhoso são estabelecidas as relações de distância. Uma pessoa deve estar tão longe quanto possível de Deus para que o Não seja ouvido, o qual, além disso, de certo modo quer livrar-se de Deus; a maior insolência possível para com Deus é a da maior distância; para ser insolente com Deus a gente deve colocar-se a grande distância; se a gente está próxima, não pode ser insolente, e se a gente é insolente, isso *eo ipso* significa que a gente está distante. Oh, impotência humana diretamente frente a Deus! Quando se é insolente para com uma pessoa de posição elevada, talvez se possa ser lançado para longe dela por punição; mas para poder ser insolente para com Deus, deve-se ir para longe dele.

Na vida, este pecado (desesperar do perdão dos pecados) é frequentemente mal compreendido, especialmente desde o tempo em que se aboliu o ético, de modo que raramente ou nunca é ouvida uma palavra ética salutar. Desesperar do perdão dos pecados é algo honrado estética-metafisicamente como um sinal de uma natureza profunda, mais ou menos como se a gente quisesse considerar a malcriação de uma criança como sinal de uma natureza profunda. Em geral, é inacreditável que confusão atingiu o religioso a partir do momento em que o "tu deves" foi abolido como o único princípio regulativo[203] do relacionamento do ser humano para com Deus. Este "tu deves" deve estar presente em cada determinação do religioso; em seu lugar, a noção de Deus ou a noção a respeito de Deus foi fantasticamente usada como um ingrediente na |227| importância humana, em bancar o importante frente a Deus. Assim como a gente se dá importância na vida política por pertencer à oposição e, finalmente, acaba desejando que haja um governo, apenas para ter ao que se opor; assim também, no fim das contas, não se quer abolir Deus – apenas para dar ainda mais importância a si mesmo, por ser da oposição. E tudo aquilo que em tempos idos era considerado com horror, como a expressão de ímpia [*ugudelig*] insubordinação, agora tornou-se genialidade, sinal de uma natureza profunda. "Tu deves

---

203. *det eneste Regulativ*: mais literalmente, o único regulativo [N.T.].

crer" é o que se dizia antigamente, de modo curto e claro, tão sobriamente quanto possível – hoje em dia é genialidade e sinal de uma natureza profunda o não ser capaz de fazê-lo. "Tu deves crer no perdão dos pecados" é o que se dizia, e o único comentário a isso era: "será uma desgraça se não conseguires fazê-lo, pois o que se deve fazer, se consegue" – hoje em dia é genialidade e sinal de uma natureza profunda o não ser capaz de crer nisso. Que esplêndido resultado a Cristandade nos trouxe! Se não fosse ouvida nenhuma palavra sobre o cristianismo as pessoas não seriam, o que o paganismo nunca foi, tão presunçosas; mas graças ao fato de as concepções cristãs flutuarem no ar de modo não-cristão, elas têm sido usadas para a forma mais intensificada de impertinência, isso se não forem mal-usadas de outro modo, mas igualmente descarado. Pois não é bastante epigramático que blasfemar não fosse um hábito no paganismo?, ao passo que é algo propriamente de casa na Cristandade, que por um tipo de horror, por temor do misterioso, o paganismo normalmente dizia o nome de Deus com grande solenidade, enquanto que na Cristandade o nome de Deus é a palavra que com mais frequência aparece nas conversas diárias e é a palavra na qual absolutamente menos se pensa e aquela que se usa do modo mais descuidado, porque o pobre Deus revelado (que, ao invés de se manter oculto, como normalmente fazem as pessoas distintas, foi suficientemente imprudente e insensato ao se tornar revelado) se tornou um personagem familiar demais a toda a população, a quem então se faz o enorme obséquio de ir à igreja de vez em quando, pelo que também se é elogiado pelo pastor que, em nome de Deus, agradece à pessoa a honra da visita, honra-a com o título de piedosa, mas é um pouquinho sarcástico para com aqueles que nunca concedem a Deus a honra de ir à igreja.

O pecado de desesperar do perdão dos pecados é *escândalo*. Nisso os judeus tinham toda a razão em se escandalizar de Cristo, porque ele queria perdoar pecados[204]. É necessário um grau extraordinariamente alto de a-espiritualidade (ou seja, assim como normalmente se encontra na Cristandade) para, |228| se não se é um crente (e se se é um crente, se crê que Cristo era Deus), para

---

204. Cf. Mt 9,1-8 [N.T.].

não se escandalizar que um ser humano queira perdoar pecados. E, além disso, é necessária uma a-espiritualidade igualmente extraordinária para não se escandalizar sobre o fato de que o pecado possa ser perdoado. Para o entendimento humano isso é o que há de mais impossível – sem que com isso eu louve como genialidade o não poder crer nisso; pois isso *deve* ser crido.

No paganismo, naturalmente, esse pecado não podia ser encontrado. Se o pagão pudesse (o que também não teria podido, já que carecia da noção de Deus) ter a verdadeira noção do pecado, ele não poderia ir mais longe do que desesperar sobre o seu pecado. Sim, eis o que mais (e nisso está toda a concessão que se pode fazer ao entendimento e pensamento humanos) se deve elogiar no pagão, que realmente chegou ao ponto de desesperar não pelo mundo, não sobre si mesmo no sentido mais comum, mas sobre o próprio pecado*. Para isso são necessárias, humanamente falando, tanto profundidade quanto determinações éticas. Além desse ponto nenhum ser humano como tal consegue ir, e muito raramente alguém vai tão longe. Mas no ponto de vista cristão tudo se modifica; pois tu deves crer no perdão dos pecados.

E onde se encontra a Cristandade em relação ao perdão dos pecados? Sim, o estado da Cristandade é propriamente desespero do perdão dos pecados; entretanto, isso deve ser entendido no sentido de que a Cristandade está recuada, de modo tão distante que o seu estado nunca se torna manifesto como tal. Não se chegou nem à consciência do pecado, e se conhecem apenas os tipos de pecado que o paganismo também conhecia, e a gente vive feliz e contente em |229| segurança pagã. Mas, já que se vive na

---

* Note-se que o desespero sobre o pecado é aqui compreendido dialeticamente na direção da fé. Que haja esta dialeticidade [*dette Dialektiske*] (mesmo que este escrito trate o desespero apenas como doença), é algo que nunca deve ser esquecido, e reside nisso, que o desespero também é o primeiro momento [*Moment*] na fé. Quando a direção, ao contrário, é para longe da fé, para longe da relação com Deus, então o desespero sobre o pecado é o novo pecado. Na vida do espírito tudo é dialético. Assim o escândalo é, de fato, como possibilidade anulada, um momento [*Moment*] na fé; mas o escândalo na direção que se afasta da fé é pecado. Que uma pessoa nunca se escandalize do cristianismo é algo que depõe contra ela. Quando se fala assim, fala-se de escandalizar-se como de algo bom. E, pelo contrário, deve-se de fato dizer que escandalizar-se é pecado.

Cristandade, vai-se além do paganismo, continua-se e imagina-se que essa paz de espírito é – sim, na Cristandade não poderia ser diferente – consciência do perdão dos pecados, coisa que os pastores asseguram à comunidade.

A desventura fundamental da Cristandade é propriamente o cristianismo, que a doutrina do Deus-ser humano [*Gud-Mennesket*] (note-se bem que, entendido do ponto de vista cristão, isso é assegurado no paradoxo e na possibilidade do escândalo), por ser pregada sempre de novo, é tomada em vão, que a diferença qualitativa entre Deus e ser humano é panteisticamente abolida (primeiro com superioridade especulativa, depois de modo vulgar nas ruas e vias secundárias). Nunca na terra uma doutrina colocou Deus e ser humano realmente tão próximos como o cristianismo; e nenhuma tampouco o poderia, somente o próprio Deus pode fazê-lo, toda invenção humana é como um sonho, uma ilusão incerta. Mas jamais alguma doutrina também se protegeu tão cuidadosamente contra a mais terrível de todas as blasfêmias, a de que depois de Deus ter dado esse passo isso fosse tomado em vão, como se Deus e ser humano se tornassem um só – nunca uma doutrina se protegeu assim como faz cristianismo, que se protege com a ajuda do escândalo. Ai dos verborrágicos, ai dos pensadores levianos, e ai, ai de toda a multidão de discípulos que aprendeu com eles e os enaltece!

Se se deve manter a ordem na existência – e isso Deus de fato quer, pois não é um Deus de confusão[205] – então deve-se antes de tudo prestar atenção ao fato de que cada ser humano é um ser humano individual, tornar-se consciente de ser um ser humano individual. Uma vez que se permite ao ser humano unir-se àquilo que Aristóteles chama de categoria animal: a multidão[206]; se então essa abstração (ao invés de ser menos do que nada, menos do que o mais insignificante ser humano individual) é considerada como sendo alguma coisa, então não demora muito até que essa abstração se transforme em Deus. E então, então isso certamente basta *philosophice* [de modo filosófico] com relação à doutrina

---

205. Alusão a 1Cor 14,33 [N.T.].
206. Cf. ARISTÓTELES. *Ética a Nicômaco* (1095b). • *Política* (1281b) [N.T.].

do Deus-ser humano[207]. Assim como nas questões do Estado se aprendeu que a multidão intimida o rei, e que os jornais intimidam os conselheiros reais, assim também finalmente se descobriu que a *summa summarum* [soma total] de todas as pessoas intimida Deus. Isso é chamado então de doutrina do Deus-ser humano, ou que Deus e ser humano são *idem per idem* [o mesmo]. Compreensivelmente, muitos dos filósofos envolvidos na difusão dessa doutrina da predominância da geração sobre o indivíduo [*Individ*] a abandonam com desgosto quando a doutrina deles afunda tão profundamente que a plebe é o Deus-ser humano. Mas esses |230| filósofos esquecem que essa ainda é a doutrina deles, ignoram que ela não era mais verdadeira quando os ilustres a aceitavam, quando a elite dos ilustres ou um seleto círculo de filósofos era a Encarnação.

Quer dizer, a doutrina do Deus-ser humano tornou a Cristandade insolente. Parece quase como se Deus fosse fraco demais. É como se tivesse acontecido a ele o mesmo que acontece com a pessoa bondosa que fez concessões grandes demais e então é recompensada com ingratidão. Foi Deus quem inventou a doutrina do Deus-ser humano, e agora o cristianismo inverteu as coisas de modo insolente, e impõe o parentesco a Deus, de modo que a concessão que Deus fez quase significa o que nesses tempos significa que um rei conceda uma constituição mais liberal[208] – e sabe-se bem o que significa, "ele foi forçado a fazê-lo". É como se Deus estivesse em uma situação embaraçosa; é como se a pessoa inteligente tivesse razão se dissesse a Deus: a culpa disso é toda tua. Por que te envolveste tanto assim com o ser humano? Isso certamente nunca ocorreria a um ser humano, nunca surgiu em nenhum coração humano[209] a ideia de que pudesse haver essa

---

207. Não se trata nesse ponto da doutrina ortodoxa, mas da doutrina especulativa do Deus-ser humano entendido como toda a raça humana, e que foi desenvolvida especialmente por David Friedrich Strauß em *A Vida de Jesus* [N.T.].

208. Segundo comentário de *SKS*, alusão a Frederico VII, que se tornou rei da Dinamarca em janeiro de 1848 e que, em 21 de março daquele ano, passou de autocrata a rei constitucional. Sob forte pressão política, prometeu à Dinamarca uma nova Constituição, o que foi cumprido com a Constituição de 5 de junho de 1849. Cf. Introdução a esta tradução [N.T.].

209. Cf. 1Cor 2,9 [N.T.].

semelhança entre Deus e ser humano. Foste tu que proclamaste isso, agora colhes o fruto.

Mas o cristianismo se salvaguardou desde o início. Ele começa com a doutrina do pecado. A categoria do pecado é a categoria da individualidade. O pecado absolutamente não se deixa pensar de modo especulativo. O ser humano individual está, de fato, sob o conceito; não se pode pensar um ser humano individual, mas apenas o conceito de ser humano. – É por isso que a especulação prontamente passa a tratar da doutrina do *predomínio* [Overmagt] da geração sobre o indivíduo [*Individ*]; pois que a especulação devesse reconhecer a *impotência* [Afmagt] do conceito em relação à realidade, é algo que não se pode pedir. – Mas assim como não se pode pensar um ser humano individual, assim também não se pode pensar um pecador individual; pode-se pensar o pecado (então ele se torna a negação), mas não um pecador individual. Contudo, precisamente por essa razão também não pode haver seriedade com relação ao pecado, caso este deva ser apenas pensado. Pois a seriedade é justamente isso, que tu e eu somos pecadores; a seriedade não é o pecado em geral, mas a ênfase da seriedade recai sobre o pecador, que é o indivíduo. Em relação ao "ser humano individual" a especulação deve, se for coerente, propriamente fazer pouco caso em relação a ser um ser humano individual ou a ser algo que não possa ser pensado; se quiser fazer algo nessa direção ela deve dizer para o indivíduo: isso é algo com o que se deve perder tempo? Antes de mais nada, esquece isso. Ser um ser humano individual é ser nada. Pensa – então tu és a humanidade |231| inteira, *cogito ergo sum*[210]. Talvez isso também pudesse ser uma mentira, o ser humano individual, e ser um ser humano individual, poderiam ser o mais elevado. Todavia, deixemos estar. Mas, de modo bem coerente, a especulação também deveria dizer: isso de ser um pecador individual significa não ser nada, isso está sob o conceito, não gasta tempo com isso etc. E, então, o que segue disso? Então talvez se deva, ao invés de ser um pecador, pensar o pecado (assim como se é incitado a pensar o conceito de ser humano ao invés de ser um ser humano

---

210. *Penso, logo existo.* Cf. DESCARTES, R. *Discurso do método*, quarta parte [N.T.].

individual)? E, então, o que segue disso? Talvez ao pensar o pecado a gente mesmo se torne "o pecado"? – *cogito ergo sum?* Que esplêndida proposta! Entretanto, não se precisa temer assim o tornar-se o pecado, o puro pecado; pois o pecado não se deixa exatamente pensar. Isso a especulação bem poderia admitir, já que o pecado de fato é o abandono do conceito. Mas para não continuar disputando *e concessis*[211], a dificuldade é principalmente uma outra. A especulação não dá atenção ao fato de que em relação ao pecado o ético está envolvido, o qual aponta sempre na direção oposta à especulação e dá exatamente os passos contrários; pois o ético não abstrai da realidade, mas se aprofunda na realidade e opera essencialmente com ajuda da categoria especulativamente negligenciada e desprezada: individualidade. O pecado é uma determinação do indivíduo; é irresponsabilidade, e um novo pecado, deixar como se nada fosse o ser um pecador individual – quando a gente mesmo é esse pecador individual. Aqui o cristianismo intervém e faz o sinal da cruz sobre a especulação; para a especulação é tão impossível sair dessa dificuldade quanto para um veleiro navegar avançando na direção de um vento diretamente contrário. A seriedade do pecado é a sua realidade no indivíduo, seja em ti, seja em mim; especulativamente deve-se desviar o olhar do indivíduo: portanto, especulativamente pode-se falar do pecado apenas de modo leviano. A dialética do pecado vai em sentido diretamente contrário ao da especulação.

Aqui começa o cristianismo, com a doutrina do pecado, e, por isso, com o indivíduo*. Pois certamente é o cristianismo que ensinou

---

211. Com base no que é admitido, argumentar a partir do ponto de vista do oponente [N.T.].

* A doutrina do pecado do gênero humano é frequentemente objeto de abuso, porque não se prestou atenção ao fato de que o pecado, embora comum a todos, não agrupa as pessoas em um conceito comum, em uma sociedade ou em uma companhia ("tão pouco quanto a multidão dos mortos no cemitério forma uma sociedade"), mas separa as pessoas em indivíduos, e insiste em que cada indivíduo é um pecador, e cuja |232| separação, em outro sentido, está tanto em concordância com, quanto teleologicamente na direção da perfeição da existência. Não se prestou atenção a isso, e então se deixou a espécie caída ser boa novamente de uma vez por todas através de Cristo. E assim, novamente Deus foi sobrecarregado com uma abstração que, enquanto abstração, quer estar em um parentesco mais próximo com ele. Mas esse é um pretexto que apenas deixa

|232| sobre o Deus-ser humano, sobre a semelhança entre Deus e ser humano, mas o cristianismo abomina enormemente a insolência descarada e impertinente. Com ajuda da doutrina do pecado, e do pecador individual, Deus e Cristo se asseguraram, de uma vez por todas, de modo bem diferente do que qualquer rei, contra o povo, e as pessoas e a multidão, o público etc. etc., assim como contra a exigência de qualquer constituição mais liberal[212]. Para Deus todos esses abstratos[213] absolutamente não existem; para Deus, em Cristo, vivem simplesmente seres humanos individuais (pecadores) – contudo, Deus bem pode abarcar o todo, e ainda cuidar dos pardais[214]. Deus é totalmente amigo da ordem; e para essa finalidade ele mesmo está presente em cada ponto, em cada instante, ele é onipresente (o que no Manual[215] é apresentado como um dos atributos pelos quais Deus é nomeado, e sobre o que as pessoas pensam um pouco de vez em quando, mas nunca fazem a tentativa de pensar a cada instante). Seu conceito não é como o de ser humano, sob o qual o indivíduo está como aquele que não pode ser absorvido no conceito, o seu conceito compreende tudo, e, em outro sentido, |233|

---

as pessoas insolentes. Quando "o indivíduo" se sente aparentado com Deus (e essa é a doutrina do cristianismo), então ele também sente, em temor e tremor, toda a pressão envolvida, ele deve descobrir, se isso já não fosse uma velha descoberta, a possibilidade do escândalo. Mas se é através de uma abstração que o indivíduo chega a esse esplendor, então a questão se torna fácil demais e, no seu fundamento, é tomada em vão. Assim o indivíduo não recebe a enorme pressão de Deus, que, na humilhação, faz afundar na mesma medida em que eleva, o indivíduo imagina que tem tudo, sem mais nem menos, ao participar naquela abstração. Ser um ser humano não é como ser um animal, para o qual o exemplar é sempre inferior à espécie. O ser humano se distingue de outras espécies animais não só pelas vantagens normalmente mencionadas, mas qualitativamente nisso, que o indivíduo [*Individet*], o indivíduo singular [*den Enkelte*], é mais do que a espécie. E essa determinação é novamente dialética, significa que o indivíduo é pecador, mas então, novamente, que a perfeição consiste em ser o indivíduo.

212. Cf. nota 208.

213. *Abstrakta*: adjetivo substantivado, aludindo a relações, categorias e conceitos abstratos [N.T.].

214. Cf. Mt 10,29 [N.T.].

215. Referência ao catecismo elaborado por N.E. Balle e C.B. Bastholm: *Lærebog i den Evangelisk-christelige Religion, indrettet til Brug i de danske Skoler* (Manual da religião cristã-evangélica, preparado para uso nas Escolas Dinamarquesas), conhecido como *Balles Lærebog*, Manual de Balle. Como era costume na Dinamarca da época, Kierkegaard estudou esse Catecismo na escola [N.T.].

ele não tem conceito algum. Deus não se ajuda com um compêndio[216], ele compreende (*comprehendit*) a realidade mesma, cada coisa individual, para ele o indivíduo não está sob o conceito.

A doutrina do pecado, de que tu e eu somos pecadores, doutrina essa que dispersa incondicionalmente "a multidão", reforça agora a diferença qualitativa entre Deus e ser humano tão profundamente como nunca antes fora reforçada – novamente, isso só Deus é capaz de fazer; o pecado é, com efeito: *diante de Deus* etc. Em nada o ser humano é tão diferente de Deus, e nisso, que ele, e isso significa cada ser humano, é um pecador, e o é "diante de Deus", com o que os opostos de fato são mantidos juntos em um sentido duplo, são mantidos juntos (*continentur*)[217], eles não têm permissão de se separar um do outro, mas, ao assim permanecerem juntos, a diferença se mostra com intensidade ainda maior, como quando se fala de justapor duas cores, *opposita juxta se posita magis illucescunt* [os opostos aparecem mais claramente por justaposição]. O pecado é o único predicado que normalmente se atribui a uma pessoa e que, de nenhum modo, nem *via negationis* [por negação], nem *via eminentiæ* [idealmente], pode ser dito com relação a Deus. Afirmar de Deus (no mesmo sentido em que ele não é finito, portanto, *via negationis*, que ele é infinito) que ele não é um pecador, é blasfêmia.

Como pecador o ser humano está separado de Deus pelo mais escancarado abismo qualitativo. E certamente Deus, por sua vez, também está separado do ser humano pelo mesmo escancarado abismo qualitativo, quando ele perdoa pecados. Se fosse possível, por um tipo invertido de acomodação[218], transferir o divino para o humano, em uma coisa ele eternamente nunca viria a se assemelhar a Deus, no perdoar pecados.

Aqui reside então a mais extrema concentração do escândalo, coisa que foi considerada necessária pela própria doutrina que ensinava a semelhança entre Deus e ser humano.

---

216. *Abbreviatur*: também com os sentidos de abreviatura ou resumo [N.T.].

217. Em latim, no original: mantidos juntos [N.T.].

218. *Accomodation*: conceito central na teologia iluminista, referindo-se à acomodação ou adaptação da revelação divina à limitada capacidade humana de compreensão [N.T.].

Mas o escândalo é a determinação mais decisiva possível da subjetividade, do ser humano individual. Certamente pensar o escândalo sem pensar em um escandalizado é tão impossível quanto pensar em uma música de flauta sem que haja um flautista[219]; mas o próprio pensamento certamente deve admitir que o escândalo, ainda mais do que o enamoramento, é um conceito irreal, que só se torna real a cada vez que há alguém, um indivíduo, que se escandaliza.

O escândalo se relaciona, portanto, ao indivíduo. E com isso começa o cristianismo, ao fazer de cada ser humano um indivíduo, um pecador |234| individual; e agora este concentra tudo o que céu e terra podem reunir da possibilidade de escândalo (e só Deus dispõe disso): e isso é o cristianismo. Então o cristianismo diz para cada indivíduo: tu deves crer, isto é: ou deves te escandalizar, ou deves crer. Nenhuma palavra mais; não há mais nada a acrescentar. "Agora eu já me pronunciei", declara Deus no céu, "na eternidade discutiremos isso novamente. Nesse meio-tempo, podes fazer o que quiseres, mas o juízo está próximo".

Um juízo! Sim, isso nós, humanos, aprendemos, isso a experiência de fato ensina, que quando há um motim em um navio ou em um exército, os culpados são tantos que a punição tem de ser abandonada; e quando se trata do público, do muito honroso público culto, ou do povo, então não apenas não há nenhum crime, mas de acordo com os jornais, nos quais se pode confiar como nos evangelhos e na revelação, isso é a vontade de Deus. E de onde vem isso? Vem do fato de que o conceito de juízo corresponde ao indivíduo, não se é julgado *en masse*; pode-se matar as pessoas *en masse*, aspergi-las *en masse*; bajulá-las *en masse*, em resumo, de muitos modos as pessoas podem ser tratadas como gado, mas não se pode julgar as pessoas como gado, pois não se pode julgar o gado; por mais que muitos sejam julgados, se o juízo deve ter seriedade e verdade, cada indivíduo é julgado*.

Quando, então, são muitos os culpados, isso não é humanamente factível; por isso se desiste de todo o julgamento, percebe-se que não se pode falar em julgamento, há gente demais para ser

---

219. Para a metáfora do flautista, cf. PLATÃO. *Apologia de Sócrates*, 27b [N.T.].
* Vê, é por isso que Deus é "o juiz", pois para ele não existe massa, mas apenas indivíduos.

julgada, não se consegue prendê-las ou não se tem os meios para prendê-las como indivíduos e, portanto, deve-se desistir de *julgar*.

E quando, então, em nosso tempo esclarecido, se acha todas as noções antropomórficas e antropopáticas de Deus impróprias, não se acha impróprio, contudo, pensar Deus como juiz de modo semelhante a um juiz distrital comum ou a um juiz militar sênior, incapaz de dominar uma questão assim tão complexa – e então se conclui: na eternidade as coisas são exatamente assim. Portanto, vamos apenas permanecer unidos e nos assegurar de que os pastores preguem assim. E se houvesse um indivíduo que ousasse falar de outro modo, um indivíduo que fosse suficientemente estúpido para tornar a sua própria vida preocupada e responsável em temor e tremor, e ainda querendo aborrecer |235| os outros: então vamos nos assegurar de fazê-lo passar por louco, ou, se for necessário, matá-lo. Desde que sejamos muitos a fazê-lo, então não há nada de errado. É *nonsense* e antiquado pensar que muitos podem agir errado; o que é feito por muitos é a vontade de Deus. Diante dessa sabedoria, o que sabemos por experiência – pois não somos jovens inexperientes, não falamos palavras soltas ao vento, falamos como homens de experiência – até hoje todas as pessoas se curvaram, reis e imperadores e vossas excelências; graças a essa sabedoria, até hoje todas as nossas criaturas foram ajudadas: e, então, cáspite, Deus também deve aprender a se curvar. É só uma questão de permanecermos sendo muitos, realmente muitos, que permanecem unidos, e se fazemos isso, então estamos assegurados contra o juízo da eternidade. – Sim, eles certamente estão assegurados, caso devessem se tornar indivíduos apenas na eternidade. Mas diante de Deus eles eram e são sempre indivíduos; nem mesmo aquele que está sentado em uma vitrine fica tão embaraçado quanto qualquer pessoa em sua transparência diante de Deus. Assim é a relação da consciência. Com ajuda da consciência as coisas são assim organizadas, o relatório acompanha imediatamente cada culpa, e é o culpado que deve escrevê-lo. Mas ele é escrito com tinta invisível e, portanto, só se torna legível quando, na eternidade, é posto contra a luz, enquanto a eternidade examina as consciências. Essencialmente, cada um chega à eternidade portando e entregando ele mesmo o mais acurado registro da menor insignificância cometida ou omitida. Portanto, na eternidade até mesmo uma criança poderia realizar o juízo; não há propriamente nada a fazer por um terceiro, tudo, até mesmo a mais insignificante palavra pronunciada, está corretamente registrado. Com o culpado, que através da vida vai caminhando até a eternidade, acontece como com aquele assassino que, pela rapidez da estrada de ferro, fugiu da cena do crime – e do próprio crime: ai, e bem abaixo do vagão em que ele sentou, passa a linha do telégrafo eletromagnético, com sua descrição e ordem para prendê-lo na primeira estação. Quando ele chegou na estação e saiu do vagão, foi preso – de um certo modo, ele mesmo levou a denúncia.

Portanto, desespero do perdão dos pecados é escândalo. E escândalo é intensificação do pecado. Normalmente as pessoas nunca pensam sobre isso; normalmente as pessoas raramente relacionam escândalo a pecado, do qual não se fala, mas se fala apenas de pecados, dentre os quais não se encontra o escândalo. E muito menos se percebe o escândalo como intensificação |236| do pecado. Isso provém do fato de que não se forma, do ponto de vista cristão, a oposição entre pecado e fé, mas entre pecado e virtude.

C. O pecado de abandonar o cristianismo *modo ponendo* [positivamente][220], declarando-o como falsidade

Este é o pecado contra o Espírito Santo[221]. Aqui o si-mesmo está na máxima elevação do desespero; ele afasta de si não apenas todo o cristianismo, mas o denuncia como mentira e falsidade – que noção imensamente desesperada de si mesmo deve ter esse si-mesmo!

A intensificação do pecado se mostra claramente quando se a percebe como uma guerra entre o ser humano e Deus, na qual a tática é alterada; a intensificação é a elevação da defensiva para a ofensiva. Pecado é desespero; aqui se luta evitando o contato. Então vem o desespero sobre o próprio pecado; aqui novamente se luta evi-

---

220. De modo afirmativo. O termo deriva da lógica, referente a *modus ponens* [N.T.].
221. Cf. Mt 12,31-32 [N.T.].

tando o contato, ou então reforçando-se no interior de sua posição de retirada, mas sempre *pedem referens* [em retirada]. Agora a tática muda; embora o pecado se aprofunde cada vez mais em si mesmo, e assim se distancie, em outro sentido ele se aproxima, se torna cada vez mais decisivamente ele mesmo. Desespero do perdão dos pecados é uma posição determinada diretamente diante de uma oferta da misericórdia de Deus; o pecado não é totalmente fugitivo, não meramente defensivo. Mas o pecado de abandonar o cristianismo como falsidade e mentira é guerra ofensiva. Todas as formas precedentes de desespero reconhecem, de certo modo, que o seu oposto é o mais forte. Mas agora é o pecado que está atacando.

O pecado contra o Espírito Santo é a forma positiva do ser escandalizado.

A doutrina cristã é a doutrina do Deus-ser humano, do parentesco entre Deus e o ser humano, mas, bem entendido, de modo que a possibilidade do escândalo seja, se posso falar assim, a garantia pela qual Deus se assegura de que o ser humano não possa chegar perto demais. A possibilidade do escândalo é o momento dialético em todo o propriamente cristão. Se ela é excluída, então o propriamente cristão não é apenas paganismo, mas algo tão fantástico que o paganismo deveria tratá-lo como tolice. Estar tão perto de Deus, como ensina o cristianismo, que o ser humano possa chegar a ele, e ouse chegar a ele, e deva chegar, em Cristo, isso é algo que nunca ocorreu ao ser humano. Se |237| agora ele deve ser entendido diretamente, bem como ele é, sem a menor reserva, bem desembaraçadamente, com jovialidade – e se quisermos chamar de loucura humana a poesia pagã sobre os deuses –, então o cristianismo é uma louca invenção de Deus; apenas um Deus que perdeu a razão poderia chegar a uma tal doutrina – é assim que deve julgar uma pessoa que conservou a própria razão. O Deus encarnado, se o ser humano devesse ser seu companheiro assim, sem mais nem menos, se tornaria um equivalente do príncipe Henrique, de Shakespeare[222].

---

222. Referência a *Henrique IV*, de Shakespeare, onde o Príncipe Henrique é apresentado como um companheiro de Falstaff [N.T.].

Deus e ser humano são duas qualidades entre as quais há uma infinita diferença qualitativa. Qualquer doutrina que ignore essa diferença é, humanamente falando, insensata; divinamente entendida, é blasfêmia. No paganismo o ser humano tornou deus humano (ser humano-deus[223]); no cristianismo Deus mesmo se tornou humano (Deus-ser humano[224]) – mas nesse seu amor infinito da sua graça misericordiosa ele põe, contudo, uma condição, ele não pode agir de outro modo. Justamente essa é a tristeza em Cristo, "ele não pode agir de outro modo"[225]; ele pode se rebaixar, assumir a forma de um servo, sofrer, morrer pelas pessoas[226], convidar todas a virem até ele[227], sacrificar cada dia da sua vida e cada hora do seu dia, e sacrificar a vida – mas ele não pode eliminar a possibilidade do escândalo. Oh, obra única do amor, oh, insondável tristeza do amor, que o próprio Deus não possa – como em outro sentido também não quer, não pode querer – mas, mesmo que quisesse, não pode tornar impossível que essa obra de amor possa tornar-se para alguém justamente no contrário, na extrema miséria! Pois a maior miséria humana possível, maior até mesmo que o pecado, é escandalizar-se de Cristo e permanecer no escândalo. E isso Cristo não pode, isso "o amor" não pode tornar impossível. Vê, é por isso que ele diz: "bem-aventurado aquele que não se escandaliza de mim"[228]. Mais do que isso ele não pode fazer. Portanto ele pode, isso é possível, ele pode, por seu amor, vir a tornar uma pessoa tão miserável como jamais alguém poderia se tornar. Oh, insondável contradição no amor! Mas, contudo, ele – por amor – não pode ter no coração o deixar de completar a obra

---

223. *Menneske-Guden*: o autor mantém o artigo definido em relação a Deus, como quando se refere à divindade. Literalmente, ser humano-o deus [N.T.].

224. *Gud-Mennesket* [N.T.].

225. Alusão às palavras que Lutero, segundo a tradição, teria dito na dieta de Worms: "Aqui estou; não posso agir de outro modo, que Deus me ajude! Amém!" [N.T.].

226. Cf. Fl 2,7-8 [N.T.].

227. Alusão a Mt 11,28, onde Jesus diz: "Vinde a mim todos os que estais cansados e sobrecarregados, e eu vos aliviarei". Este versículo é o mote para o segundo livro publicado sob o pseudônimo Anti-Climacus, em 1850, *Indøvelse i Christendom* (Prática/Exercício no Cristianismo) [N.T.].

228. Cf. Mt 11,6 [N.T.].

do amor; ai, mesmo que isso torne uma pessoa tão miserável como de outro modo ela nunca teria se tornado!

Falemos em termos puramente humanos. Oh, quão lastimável é um ser humano que nunca tenha sentido o desejo de, por amor, sacrificar tudo por amor, e que, assim, não tenha sido capaz de fazê-lo! Mas quando descobrisse que justamente esse seu |238| sacrifício de amor, descobrisse ser possível que esse sacrifício se tornasse a maior infelicidade à outra pessoa, à pessoa amada, e então? Então ou o amor nele perderia a sua força de elasticidade – de uma vida potente o amor afundaria em um hermético remoer de sentimentos melancólicos, este ser humano se distanciou do amor, não ousou realizar essa obra de amor, sucumbindo ele mesmo, não sob a obra, mas sob o peso da possibilidade. Pois assim como um peso se torna infinitamente mais pesado quando é colocado na extremidade de uma barra e quem a ergue deve ficar na extremidade oposta, assim também cada obra fica infinitamente mais pesada quando se torna dialética, e no peso máximo quando se torna simpatético-dialética, pois aquilo que o amor estimula a fazer pela pessoa amada, uma preocupação pela pessoa amada, em outro sentido, parece dissuadi-lo de fazer. – Ou então o amor vence, e esse ser humano ousa agir por amor. Oh, mas na alegria do amor (como o amor é sempre alegre, especialmente quando sacrifica tudo) havia, contudo, uma profunda tristeza – pois isso de fato era possível! Assim, ele completou essa sua obra de amor, fez o sacrifício (pelo qual, por sua parte, exulta), não sem lágrimas: sobre isso – como devo chamá-lo? – essa pintura histórica da interioridade, paira aquela possibilidade obscura. E, contudo, se essa não tivesse pairado sobre ela, a sua obra não teria sido uma obra do verdadeiro amor. – Oh, meu amigo, o que já não experimentaste na vida? Esforça teu cérebro, arranca tudo o que te cobre e desnuda em teu peito as vísceras do sentimento, destrói toda fortificação que te separa daquele sobre quem tu lês, e então lê Shakespeare – e estremecerás por causa das colisões. Mas das colisões propriamente religiosas até mesmo Shakespeare parece ter recuado, estremecendo. Talvez essas se deixem expressar apenas na língua dos deuses. E essa língua nenhuma pessoa consegue falar; pois como disse tão belamente um grego: com as pessoas se aprende a falar, com os deuses a ficar em silêncio[229].

Que haja a diferença qualitativa infinita entre Deus e ser humano, isso é a possibilidade do escândalo, que não pode ser eliminada. Por amor Deus se torna humano[230]; ele diz: vê, aqui está o que é ser um ser humano, mas ele acrescenta, presta atenção, pois eu sou também Deus – e bem-aventurado aquele que não se escandaliza de mim. Como ser humano ele assume a forma de um servo humilde, ele mostra o que é ser uma pessoa humilde, para que nenhuma pessoa se sinta excluída, ou acredite que é a reputação humana, ou a reputação entre as pessoas[231], o que aproxima alguém de |239| Deus. Não, ele é a pessoa humilde. Olha para cá, diz ele, e te assegura do que significa ser um ser humano, oh, mas presta atenção; pois eu sou também Deus – e bem-aventurado aquele que não se escandaliza de mim. Ou, inversamente: o Pai e eu somos um[232], portanto eu sou esse homem simples, humilde, pobre, abandonado, entregue à violência das pessoas – e bem-aventurado aquele que não se escandaliza de mim. Eu, esse homem insignificante, sou aquele que faz com que os surdos ouçam, os cegos vejam, os coxos andem, os leprosos sejam purificados, os mortos ressuscitem[233] – e bem-aventurado aquele que não se escandaliza de mim.

Ciente da mais alta responsabilidade, ouso dizer que essas palavras: bem-aventurado aquele que não se escandaliza de mim, pertencem à proclamação de Cristo, senão do mesmo modo que as palavras de instituição da ceia, pelo menos como as palavras: cada um examine a si mesmo[234]. São palavras do próprio Cristo e, especialmente na Cristandade, devem ser enfatizadas sempre de

---

229. Plutarco, no ensaio *De garrulitate* (Sobre a Tagarelice), em *Moralia* (Escritos Morais), cap. 8 (506a) [N.T.].

230. Alusão a Jo 3,16 [N.T.].

231. Cf. Dt 10,17; Jó 34,19; At 10,34; Rm 2,11 [N.T.].

232. Cf. Jo 10,30 [N.T.].

233. Alusão a Mt 11,5 [N.T.].

234. Alusão a 1Cor 11,27-29 [N.T.].

novo, repetidas, ditas para cada um em particular. Onde quer que* essas palavras não sejam ouvidas, ou, em todo o caso, onde quer que a apresentação do propriamente cristão não for permeada em cada ponto por esse pensamento, o cristianismo é blasfêmia. Pois sem guarda-costas, e sem servos que pudessem preparar o caminho para ele, e que pudessem tornar as pessoas atentas sobre quem estava vindo, Jesus andou aqui na terra na forma de um servo humilde. Mas a possibilidade do escândalo (oh, no seu amor era essa a sua tristeza!) o defendeu e o defende, reforça um abismo escancarado entre ele e aquele que estava e que permaneceu o mais perto possível dele.

Com efeito, aquele que não se escandaliza, *adora*, crendo. Mas adorar, que é a expressão da fé, é expressar que o escancarado |240| abismo qualitativo infinito entre eles é reforçado. Pois na fé a possibilidade do escândalo é, novamente, o momento dialético**.

Mas o tipo de escândalo de que se fala aqui é *modo ponendo*[235], ele afirma que o cristianismo é falsidade e mentira, e, consequentemente, afirma o mesmo de Cristo.

---

* E agora este é o caso quase que em todo lugar na Cristandade que, ao que parece, *ou* ignora completamente que o próprio Cristo é aquele que tão repetidamente, tão fervorosamente, advertiu contra o escândalo, ainda ao final de sua vida, até mesmo a seus fiéis apóstolos, que o seguiram desde o início, e que por sua causa deixaram tudo; *ou* tacitamente considera isso como um tipo de medo exagerado [*overspændt Ængstelighed*] da parte de Cristo, visto que a experiência de milhares e milhares de pessoas prova que se pode ter fé em Cristo sem haver percebido o menor traço da possibilidade do escândalo. Mas isso pode ser um erro que, sem dúvida, se tornará evidente quando a possibilidade do escândalo vier para julgar o cristianismo.

** Aqui está uma pequena tarefa para observadores. Supondo que todos os numerosos pastores, aqui e no exterior, que proferem e escrevem prédicas, são cristãos crentes, como então se pode agora explicar que nunca se ouça ou leia a oração que especialmente em nossos tempos é tão apropriada: Deus dos céus, te agradeço que não exigiste de uma pessoa que deva compreender o cristianismo; pois, se isso fosse exigido, eu seria o mais miserável de todos. Quanto mais eu tento compreendê-lo, tanto mais incompreensível ele se parece para mim, tanto mais eu apenas descubro a possibilidade do escândalo. Por isso eu te agradeço que exiges somente a fé, e rogo a ti que ainda aumentes a minha fé. Essa oração seria, do ponto de vista da ortodoxia, inteiramente correta, e supondo que fosse verdadeira em quem ora, seria também a correta ironia para com toda especulação. Mas se achará, porventura, fé na terra? [Do tradutor: alusão a Lc 18,8.]

235. Cf. nota 220.

Para ilustrar esse tipo de escândalo o melhor a fazer é examinar as diferentes formas de escândalo, que se relacionam fundamentalmente ao paradoxo (Cristo) e, assim, retornam em cada determinação do propriamente cristão, pois cada uma a seu modo se relaciona com Cristo, tem Cristo *in mente*.

A forma mais baixa de escândalo, a mais inocente, humanamente falando, é deixar que toda a questão de Cristo permaneça indecisa, e julgar assim: eu me permito nada julgar sobre isso; eu não creio, mas também não julgo nada. Que isso seja uma forma de desespero é algo que escapa à maioria. A questão é que se esqueceu completamente desse ponto propriamente cristão: "tu deves". Disso segue que não se veja que ser indiferente com relação a Cristo é escândalo. Que o cristianismo te tenha sido anunciado significa que tu deves ter uma opinião sobre Cristo; que ele é, ou o fato de que ele exista, e que ele tenha existido, é a decisão de toda a existência. Se Cristo te foi anunciado, então é escândalo dizer: eu não quero ter nenhuma opinião a respeito.

Contudo, isso deve ser entendido com uma certa reserva nesses tempos em que o cristianismo é anunciado de modo tão medíocre como se tem feito. Certamente |241| há muitos milhares que ouviram o cristianismo ser anunciado e que nunca ouviram nada sobre este "deves". Mas aquele que ouviu isso, quando então diz: eu não quero ter nenhuma opinião a respeito, então ele está escandalizado. Ele nega a própria divindade de Cristo, que esta tenha o direito de exigir de uma pessoa que ela tenha que ter uma opinião. Não ajuda em nada que uma tal pessoa diga: "eu não digo nada sobre Cristo, nem sim, nem não"; então se pergunta a ela apenas isso: também não tens nenhuma opinião sobre se tu deves ou não ter uma opinião sobre ele? Se responder que sim, então cai em uma armadilha; e se responder que não, então o cristianismo, de qualquer modo, a julga, que ela deve ter uma opinião sobre isso e, portanto, sobre Cristo, que ninguém pode se atrever a tratar a vida de Cristo como uma curiosidade. Quando Deus se deixa nascer e tornar-se humano, isso não é um capricho fútil, algo que ele inventa só para ter o que fazer, talvez para terminar com o tédio que, como se tem dito desaforadamente, está envolvido em ser Deus – não é para viver uma aventura. Não, quando Deus faz isso, então esse fato é a seriedade da existência. E a seriedade que há nessa seriedade, por sua vez, é esta: que cada um *deve* ter uma opinião sobre isso. Quando um rei visita uma cidade do interior, considera um insulto se um oficial público, a não ser por uma ausência justificável, deixa de prestar-lhe honras; mas eu gostaria de saber qual seria o juízo dele se alguém ignorasse completamente o fato de que o rei estava na cidade, se quisesse fazer o papel de um cidadão privado, que nessa circunstância dissesse: "eu pouco me importo com Vossa Majestade e com a lei real"? [236] E assim também são as coisas quando apraz a Deus tornar-se humano – e então apraz a uma pessoa (e o que o oficial público é em relação ao rei, isso é cada pessoa diante de Deus) dizer o seguinte sobre isso: bem, isso é algo sobre o que não desejo formar nenhuma opinião. Assim se fala de modo superior sobre o que, no fundo, se ignora: portanto, de modo superior se ignora Deus.

A próxima forma de escândalo é a negativa, mas em forma passiva. Esta se sente incapaz de ignorar Cristo, deixar a questão de Cristo em suspenso e então, de resto, viver uma vida atarefada, isso ela não consegue. Mas crer ela também não consegue; permanece olhando fixamente para um único e mesmo ponto, para o paradoxo. De certo modo, ela honra o cristianismo, à medida que expressa que esta pergunta: "o que pensas de Cristo?"[237], é realmente a mais decisiva de todas. Uma tal pessoa escandalizada vai vivendo como uma sombra; sua vida é consumida, pois em seu íntimo ela está |242| continuamente ocupada com essa decisão. E assim ela expressa (como o sofrimento do amor infeliz em relação ao amor) que realidade [Realitet] o cristianismo tem.

A última forma de escândalo é esta da qual falamos aqui, a positiva. Ela declara que o cristianismo é falsidade e mentira, nega Cristo (que ele tenha existido e que é aquele que disse que era) ou de modo docético[238] ou racionalista[239], de modo que ou Cristo não se torna um ser humano individual, mas apenas aparentemente, ou que ele se torna apenas um ser humano individual, de modo

---

236. Lei vigente na Dinamarca de 1665 a 1849, quando foi publicada a nova Constituição [N.T.].

237. Alusão a Mt 22,42 [N.T.].

238. Docetismo é a concepção segundo a qual Cristo teria uma simples aparência (dokèsis) de corpo humano [N.T.].

239. Racionalismo, no contexto dessa discussão, é a compreensão que nega que Jesus seja Deus, entendendo-o apenas como um ser humano elevado [N.T.].

que ou se torna doceticamente poesia, mitologia, que não reivindica a realidade, ou, de modo racionalista, uma realidade que não reivindica ser divina. Naturalmente nessa negação de Cristo como o paradoxo está novamente a negação de tudo o que é propriamente cristão: o pecado, o perdão dos pecados etc.

Essa forma de escândalo é pecado contra o Espírito Santo[240]. Assim como os judeus diziam de Cristo que ele expulsava demônios com o poder do demônio[241], assim também esse escândalo faz de Cristo uma invenção do diabo.

Esse escândalo é a máxima intensificação do pecado, algo que normalmente se ignora porque não se forma, de modo cristão, a oposição entre pecado e fé.

Ao contrário, essa oposição esteve vigente por todo este escrito, que na primeira parte, A, A, logo apresentou a fórmula para o estado no qual não há nenhum desespero: ao relacionar-se a si mesmo e ao querer ser si mesmo, o si-mesmo se funda transparentemente no poder que o estabeleceu. Essa fórmula, por sua vez, como frequentemente se lembrou, é a definição de fé.

---

240. Cf. Mt 12,31-32 [N.T.].
241. Cf. Mt 12,24 [N.T.].

COLEÇÃO PENSAMENTO HUMANO

- *A caminho da linguagem*, Martin Heidegger
- *A Cidade de Deus (Parte I; Livros I a X)*, Santo Agostinho
- *A Cidade de Deus (Parte II; Livros XI a XXIII)*, Santo Agostinho
- *As obras do amor*, Søren Aabye Kierkegaard
- *Confissões*, Santo Agostinho
- *Crítica da razão pura*, Immanuel Kant
- *Da reviravolta dos valores*, Max Scheler
- *Enéada II – A organização do cosmo*, Plotino
- *Ensaios e conferências*, Martin Heidegger
- *Fenomenologia da vida religiosa*, Martin Heidegger
- *Fenomenologia do espírito*, Georg Wilhelm Friedrich Hegel
- *Hermenêutica: arte e técnica da interpretação*, Friedrich D.E. Schleiermacher
- *Investigações filosóficas*, Ludwig Wittgenstein
- *Parmênides*, Martin Heidegger
- *Ser e tempo*, Martin Heidegger
- *Ser e verdade*, Martin Heidegger
- *Verdade e método: traços fundamentais de uma hermenêutica filosófica (Volume I)*, Hans-Georg Gadamer
- *Verdade e método: complementos e índice (Volume II)*, Hans-Georg Gadamer
- *O conceito de angústia*, Søren Aabye Kierkegaard
- *Pós-escrito às migalhas filosóficas (Volume I)*, Søren Aabye Kierkegaard
- *Metafísica dos costumes*, Immanuel Kant
- *Do eterno no homem*, Max Scheler
- *Pós-escrito às migalhas filosóficas (Volume II)*, Søren Aabye Kierkegaard
- *Crítica da faculdade de julgar*, Immanuel Kant
- *Ciência da Lógica – 1. A Doutrina do Ser*, Georg Wilhelm Friedrich Hegel
- *Ciência da Lógica – 2. A Doutrina da Essência*, Georg Wilhelm Friedrich Hegel
- *Crítica da razão prática*, Immanuel Kant
- *Ciência da Lógica – 3. A Doutrina do Conceito*, Georg Wilhelm Friedrich Hegel
- *Lições sobre a Doutrina Filosófica da Religião*, Immanuel Kant
- *Leviatã*, Thomas Hobbes
- *À paz perpétua – Um projeto filosófico*, Immanuel Kant
- *Fundamentos de toda a doutrina da Ciência*, Johann Gottlieb Fichte
- *O conflito das faculdades*, Immanuel Kant
- *Conhecimento objetivo – Uma abordagem evolutiva*, Karl R. Popper
- *Sobre o livre-arbítrio*, Santo Agostinho
- *Ecce Homo*, Friedrich Nietzsche
- *A doença para a morte*, Søren Aabye Kierkegaard
- *Sobre a reprodução*, Louis Althusser
- *A essência do cristianismo*, Ludwig Feuerbach
- *O ser e o nada*, Jean-Paul Sartre
- *Psicologia fenomenológica e fenomenologia transcendental*, Edmund Husserl
- *A transcendência do ego*, Jean-Paul Sartre

Conecte-se conosco:

 facebook.com/editoravozes

 @editoravozes

 @editora_vozes

 youtube.com/editoravozes

 +55 24 99267-9864

www.vozes.com.br

Conheça nossas lojas:

www.livrariavozes.com.br

Belo Horizonte – Brasília – Campinas – Cuiabá – Curitiba
Fortaleza – Juiz de Fora – Petrópolis – Recife – São Paulo

  Vozes de Bolso

EDITORA VOZES LTDA.
Rua Frei Luís, 100 – Centro – Cep 25689-900 – Petrópolis, RJ
Tel.: (24) 2233-9000 – E-mail: vendas@vozes.com.br